KB0033951

팀장으로 생존하기

리더가 된 당신을 위한 기본서

팀장으로 생존하기

초판 1쇄 발행 ǀ 2023년 1월 20일

지은이 ǀ 이상혁
펴낸이 ǀ 김지연
펴낸곳 ǀ 마음세상

주 소 ǀ 경기도 파주시 한빛로 70 515-501

신고번호 ǀ 제406-2011-000024호
신고일자 ǀ 2011년 3월 7일

ISBN ǀ 979-11-5636-504-4 (03190)

원고투고 ǀ maumsesang2@nate.com

* 값 14,500원

* 마음세상은 삶의 감동을 이끌어내는 진솔한 책을 발간하
고 있습니다. 참신한 원고가 준비되셨다면 망설이지 마시고
연락주세요.

이
상
혁

팀장으로 생존하기

마음세상

이 책을 추천합니다

복잡한 현재의 비즈니스 환경에서 중요한 것은 무엇이 직원의 창의성을 유발하고 동기를 부여하는지 찾는 것입니다. 리더가 조직의 효율성과 생존의 핵심 요인이라는 것을 증명하기 위해 많은 연구가 수행되었습니다. 실제로 최근 몇 년 동안 리더십이 창의성에 미치는 영향에 대한 연구가 눈에 띄게 증가했습니다.

저는 지난 30년 동안 다양한 조직에서 인사 전문가 및 리더십 개발 코치로 일하고 있습니다. 훌륭한 리더들은 직원들이 현 상태에 도전하고, 다양한 창의적 방법을 시도하고, 필요에 따라 실수하고, 보다 능동적이고 책임감을 가질 수 있도록 과감하게 지원합니다. 그들은 개인의 성장을 위해 심리적 안정을 느낄 수 있는 환경을 제공하고, 코칭 합니다. 이때 직원들은 힘을 얻어 신바람이 나서 함께 기여하고 승리할 수 있다는 강한 확신을 갖습니다. 따라서 조직에 대한 헌신과 충성도가 향상되었으며 직원들은 기대 이상으로 성과를 내게 됩니다.

저자는 제가 한국 GE 헬스케어에서 함께 일한 적이 있는 뛰어난 HR 인재입니다. 지난 10년 동안 그는 글로벌 기업에서 리더들이 리더십 역량을 더욱 발전할 수 있도록 교육했으며 그 자신도 모범을 보였습니다.

이 책은 치열한 경쟁과 격변하는 비즈니스 환경에서 팀원들을 성공적으로 이끌면서 더 탁월한 리더가 될 분들에게 본인의 잠재력을 발견하도록 도움을 줄 것입니다.

_김혜경, 리더십 개발 코치. 전) GE헬스케어 인사부 총괄 부사장

팀을 리딩하다 보면 정말 다양한 성향의 팀원을 만나게 됩니다. 저도 30년간 많은 팀원과 일했었는데, 처음 리더가 되었을 때는 하루하루 비즈니스적 성과에만 몰입해서 팀원을 '성과'로만 평가하던 시기가 있었습니다.

그러나 그렇게 근시안적으로 팀원을 평가했을 때의 폐

해를 또 많이 경험하게 되었고, 차차 비즈니스 관점으로 평가보다 사람 자체의 관점에서 가능성을 더 면밀히 보게 되었고, 그 양쪽을 같이 보았을 때 팀원의 가능성이 더 크고 많이 보이게 되었습니다.

그 어떤 팀원이라도 이 두 가지의 잣대로 팀원을 보게 되면, 어떤 쪽이든 가능성을 발견하지 않을 수 없습니다. 이렇게 개인의 가능성을 여러 척도로 보고 개발했을 때 비즈니스적으로 더 큰 성과가 기다리고 있다는 것에 확신이 있습니다. 제가 생각하는 리더십이란, 어떤 세대에도, 어떤 레벨에도 '실제적', '현실적'으로 정의되고 실행되어야 한다고 생각합니다. 또한 가장 쉽게 다가가고 이해되어야 한다고 생각합니다.

간단하고 쉽게 접근해볼 수 있는 리더십이란 I, You, We라고 생각합니다. 본인 스타일을 인지하고, 다음에 주위 팀원들의 가능성을 발견하고, 함께 발전시켜 한 명 한 명 팀원이 가치를 만들어 궁극적으로 팀의 성과를 만들어내는 것입니다. 그런 면에서 저자의 도서는 리더로서 해야 할 질문, 갖춰야 할 마인드, 팀빌딩에 대한 I, You, We

를 모두 포함하고 있고, 새롭게 팀을 리드해야 하는 상황에서 어떻게 팀을 관리해야 할지를 가장 현실적인 관점에서, 경험을 기초로 쉽게 접근했다고 생각합니다.

_장수아 상무, 스타벅스 코리아 인사부 총괄 임원

리더십은 조직과 개인의 삶에 지대한 영향을 미치는 가장 중요한 핵심입니다. 리더십이 제대로 서지 않는 조직은 지속가능성이 없고, 제대로 된 리더십을 갖지 못한 리더는 팔로워가 없습니다.

리더십은 변혁적 리더십, 거래적 리더십, 코칭 리더십, 포용적 리더십, 권위적 리더십 등 다양한 형태로 표출이 되지만 중요한 것은 상황에 따라 리더십을 적절히 다르게 사용할 수 있는 맥락에 맞는 리더십을 갖추는 것으로 생각합니다.

이 책이 모든 리더에게 도움이 된다고 생각하지만, 그중에서도 리더를 처음 맡게 된 리더들에게는 아주 좋은 교과서가 될 것이라고 확신합니다. 이 책에서 제시하고 모든 내용이 리더의 역할을 제대로 하기 위한 기법과 방법에 관한 것이어서 한 장씩 읽고 실천해 나갈 것을 추천해 드립니다.

이 책을 출간한 작가와는 이전에 저의 팀원으로서 함께 근무 하였습니다. 저자는 늘 조직 내에서 팀장과 팀원이 어떻게 하면 더 많은 시너지를 내고 함께 팀의 목표를 이루고 팀을 발전시켜나갈 수 있을까에 대해 연구하고 고민했습니다. 이 책은 그동안 저자 스스로가 10여년간 인사 업무를 하면서 가까이에서 관찰하고 공부했던 내용들을 토대로 리더의 성장을 지원하고 발전시키고자 하는 열정과 에너지가 가득 담긴 가이드북입니다.

_김정옥 전무, 하니웰 코리아 인사부 총괄 임원

제1장 팀장이 된 당신을 위한 질문

제2장 꼭 갖춰야 할 팀장의 기본기

제3장 리더 마인드 키우기

제4장 팀원과의 상황별 대화법

제5장 팀 퍼실리테이션 기법

'회사 이름을 보고 입사하고, 상사 때문에 퇴사합니다.'

'회사 이름을 보고 입사하고, 상사 때문에 퇴사합니다.'
'직원들은 회사를 떠나는 게 아니라 리더를 떠납니다.'

13년 넘게 직원들을 돕는 인사업무를 하며 마음속에 새기고 있는 말입니다. 그동안 많은 직원의 입사부터 퇴사하는 순간까지를 지켜보았습니다. 입사하면 뼈를 묻겠다는 신입사원의 패기도, 빠른 시간 안에 회사의 성장을 견인하겠다는 경력사원의 초심도 희미해지고, 회사에 대한 애사심이 적개심으로 변하는 것을 자주 지켜봤습니다. 퇴사하는 분들과의 면담을 통해 처음의 마음이 변한 이유는 회사에 대한 불만이 아닌 바로 상사와의 갈등. 정확히 말하면 직속 상사의 리더십에 관한 것이 대부분이었습니다. 그동안 인턴부터 신입사원, 경력사원, 임원 등 수백 명의 후보자를 채용하고, 3천 명이 넘는 직원의 인사를 담당하는 업무를 하면서 보았던 인사 담당자의 시각에서 최고의 인사 관리 방법은 이미 역량과 리더십을 갖춘 팀장을 채용하는 것입니다.

하지만 그런 역량을 모두 갖춘 인재를 선발하는 것은 현실적으로 어렵습니다. 그래서 관점을 바꿔 이미 조직에 있는 팀장 분들을 교육과 코칭을 통해서 제대로 육성해 보겠다는 목표를 세웠습니다.

팀장의 리더십이 바로 서야 그 아래에서 일하는 팀원이 회사 생활에 대한 만족도를 높일 수 있고, 본인의 역량을 제대로 발휘하여 성과가 나는 조직으로 발전할 수 있다. 라는 확신을 얻게 되었습니다. '사람은 (잘) 안 변한다. 하지만 제대로 된 코칭과 교육을 통한다면 사람은 변할 수 있다. 그 변화로 인해 당신의 영향력을 끼칠 수 있다.'라는 신념과 확신을 갖고 이 책의 집필을 시작했습니다.

이 책에는 실제 조직에서 팀, 파트, 부서를 이끄는 리더들을 위해 필요한 모든 내용을 담았습니다. 이 책은 이미 회사에서 매니저로서 팀을 이끄는 리더이거나 앞으로 리더가 되기 위한 준비를 하는 분들을 위한 책입니다.

책에서 기술한 내용을 편견 없이 온전히 받아들이려고 하는 열린 마음이 여러분이 훌륭한 매니저로 성장하는데 중요한 첫걸음이 될 것입니다.

제1장
팀장이 된 당신을 위한 질문

좋은 팀장의 자격은 뭐라고 생각하세요?

좋은 팀장이나 리더가 되기 위한 많은 기준이 있을 것입니다. 경청, 커뮤니케이션, 공감, 방향성 제시, 책임감, 위임, 피드백, 동기부여, 의사결정 등 누군가가 정리해 놓은 기준이나 학자들의 오랜 연구 끝에 정립해 놓은 결과물을 보면 수십 가지가 넘는 키워드를 발견할 수 있습니다.

그리고 이러한 부류의 정답이 없는 문제에 대한 답변을 찾기 위해선 먼저 2가지의 과정을 거치시길 조언 드립니다.

어떤 것을 시작하기 전 단계의 프로세스

1) 대상이 되는 주제를 여러 관점에서 조사하기
2) 그것들을 나만의 언어로 이해하고 해석하기

누군가가 먼저 고민하고, 정의하고, 답을 내린 것을 그대로 따라 학습하는 것은 수동적인 단계이고, 진정 내 것으로 만들기 위해서는 반드시 내 생각과 고민을 하는 시간을 거쳐야 합니다.

리더로서 필요한 역량 하나하나에 대한 정확한 정의가 무엇인지 찾아보고, 이것이 왜 필요한지? 어떻게 적용할 수 있는지? 등 반드시 나만의 철학을 만들어가는 과정이 있어야 합니다.

아무리 좋은 가치관과 철학도 나에게 적용하지 않으면 교과서에서만 나오는 그럴듯한 말로 끝날 수가 있기 때문입니다.

당신은 어떤 스타일의 팀장인가요?

내가 어떤 팀장인지, 어떤 리더십 스타일을 가졌는지를 알기 위해서는 4가지의 다른 Point of View (관점)를 확인하는 것이 필요합니다. 그리고 그것은 과거 + 현재의 합으로 이뤄져야 합니다.

1) 내가 보는 나

나보다 나에 대해 많이 바라보고 고민해 본 사람은 없

습니다. 지금 나의 모습은 나의 성장 과정, 교육, 환경, 학습, 말, 행동, 인적 네트워크 이 모든 것이 종합적으로 구성된 결과물입니다.

나는 어떤 사람인가? 나는 어떤 스타일의 리더십 스타일을 갖고 있는가? 에 대해 나를 표현하는 말을 적어보거나 생각나지 않을 경우 많은 형용사 키워드 중에서 선택하는 것도 좋은 방법입니다.

2) 동료가 보는 나

같은 팀에 있는 동등한 레벨의 동료(peer)나 다른 팀에서 나와 같은 팀장 역할을 하는 사람에게 물어야 합니다. 그들은 본인의 리더십 스타일과 경험자의 입장에서 당신을 바라보고, 그에 대한 피드백을 제공해 줄 수 있습니다.

그리고 이것은 나와 다른 시각에서의 피드백을 제공받는 것뿐만 아니라 동질감을 느끼고, 의논할 수 있고, 이해해 줄 수 있는 사람이 생긴다는 것에 큰 의미가 있습니다.

팀원을 관리하는 방법에 있어 실질적인 도움을 받을 수도 있고, 감정적인 위로를 받을 수 있습니다.

3) 팀원이 보는 나

내 리더십의 영향을 받는 팀원에게 나에 대한 피드백을 직접적으로 구하는 것이 쉬운 일은 아닙니다. 내가 질문을 던지지 않더라도 평상시에 팀원이 나에 대해서 바라는 점을 얘기하는 것이 자연스럽다면 그 자체만으로도 당신은 팀원과 잘 소통하고 있음을 의미합니다. 가장 바람직한 것은 "나에게 바라는 점 있어요?" "나에게 필요한 도움이 있어요?"라는 질문을 자주 던지는 것이고, 팀원이 그 질문에 솔직한 답변을 할 수 있는 심리적 안전감을 제공하는 것입니다.

하지만 그게 아니라 항상 깊이 있게 질문을 해야 하거나 회사의 의무적인 360도 평가와 같은 것을 통해서만 파악이 가능하거나, 거창한 워크숍을 통해서만 이런 답변을 들을 수 있다면 당신은 이미 팀원과 불편한 소통을 하는 것을 의미하기도 합니다.

지금 당장 이 질문이 어렵다면 그동안 팀원이 당신에게 했던 말, 이메일 내용 등 작지만 그 조각조각을 모아보세요. 그러면 내 팀원이 나를 바라보는 시선, 시각이 정리될 것입니다.

4) 상사가 보는 나

상사는 나보다 먼저 팀장의 과정을 겪은 선배이자 경험자입니다. 먼저 경험한 사람은 덜 경험한 사람의 말, 행동, 리더십 스타일에서 인사이트나 피드백을 제공할 수 있는 부분을 생각보다 쉽게 찾아내기도 합니다.

그리고 당신의 리더십에 대한 피드백은 상사에게 묻지 않아도, 당신을 평가하는 기준에 이미 포함이 되어 있기 때문에 이미 자주 듣고 있을 것입니다. 상사의 피드백을 잘 경청하되, 대신에 무조건 받아들이지는 마세요. 당신만의 리더십 스타일을 갖는 것 그 자체가 의미가 있기 때문입니다. 그렇지 않으면 당신만의 리더십의 방향도 업무의 승인과 같이 하나의 절차로 느껴질 수 있습니다.

나의 리더십 스타일을 제대로 파악하기 위해서는 과거와 현재 / 나와 타인 / 말과 글 /다양한 시각에서의 피드백을 모두 리스트업 하는 일을 하셔야 합니다.

내가 어떤 면을 가졌는지부터 먼저 디테일하게 분석해야 나를 정의 내릴 수 있습니다.

당신이 그리는 이상적인
팀의 모습은 무엇인가요?

지난 2개의 질문을 통해 개인인 나에게 집중했다면 이번 3번째 질문은 팀의 관점에서 바라보세요. 이상적인 팀의 모습을 그릴 때는 다양한 이미지를 떠올려 보세요.

1) 개인 한 명 한 명의 역량이 극대화된 모습
2) 팀원 모두가 행복한 회사 생활을 하는 모습
3) 팀의 성과가 다른 팀보다 월등하여 인정받는 모습
4) 개인 한 명이 돋보이기보다는 원팀이 되어서 성과가

나는 모습

본인이 원하는 이상적인 팀의 이미지가 머릿속에 잘 떠오르지 않을 수 있습니다. 이럴 때 가장 좋은 방법은 잘하는 다른 팀을 벤치마킹하는 것입니다.

그 안에서 그 팀을 이끄는 리더의 모습을 잘 관찰하세요. 그리고 그 리더의 영향력을 받는 팀원 한 명 한 명을 잘 관찰하세요. 그러면 분명히 다른 팀과 다른 무언가를 찾을 수 있을 것입니다.

리더가 팀을 발전시키는 3단계 프로세스

1단계) 본인이 원하는 팀의 모습 vs 현실 상황을 정확히 분석하기

2단계) 채용을 통해서 셋업 할 수 있는 것 vs 현재 팀 안에서 바로 시작할 수 있는 것 구분하기

3단계) 현재 수준과 목표 수준의 Gap(차이)을 채우기 위해서 내가 할 일 vs 팀원의 강점으로 채워야 할 것 구분

하기

   무언가 더 나아지는 상황으로 만들기 위해서는 본인이 생각한 모습을 설정하고, 현실을 정확히 인지하고, 그것의 Gap을 채우기 위한 노력을 하면 됩니다. 그것을 채우는 데는 당신의 리더십 역량, 팀원의 성장, 실력을 갖춘 인재의 영입 등 여러 가지 방법이 있을 겁니다.

   팀은 개개인의 합으로 이뤄진 유기체이기 때문에 개인 1명의 역량을 발전시키는 것과 팀 전체의 역량을 향상하는 것. 이 두 가지를 동시에 하셔야 합니다. 누군가의 조언을 듣고, 의견을 참고하고, 팀원의 의견을 청취하는 일은 좋으나 결국에 방향성은 나 스스로 정해야 합니다.

   나 자신이 Decision Maker(결정권자)이고, 배의 선장이고, 팀의 리더이기 때문입니다.

리더십 관련 조언을 받을 분이 있나요?

'사람은 (잘) 안 변한다. 잠깐 변화했더라도 원래의 모습으로 회귀한다. 본인이 하는 행동은 그 사람의 가치관, 철학의 표출물이다.'

HR을 하면서 제가 개인적으로 가진 철학입니다. 하지만 이것과는 반대로 '사람은 (어떤 계기로) 변화한다.'도 믿습니다. 변화의 계기는 교육, 말, 코칭, 타인으로부터의 자극 등이 될 수가 있을 것입니다.

만약 당신이 좋은 멘토, 조언자를 찾는다고 한다면 절

대적으로 경험한 사람에게 묻고 의지해야 합니다. 경험이 없는 사람에게는 현실적인 문제의 고민이 결여된 이상적인 답이 나올 가능성이 높기 때문입니다. 만약 당신의 리더십에 대한 부정적인 코멘트와 여러 가지 도전을 받는 상황이라면, 당신은 받아들이려는 마인드 셋, 유연성이 부족할 가능성이 큽니다.

경험한 사람을 찾아가서 물어보세요. 그리고 해결이 어려운 케이스가 생기면 경험자와 논의해 보세요. 분명히 그분의 경험, 시행착오를 통한 간접 경험이 큰 배움이 될 것입니다. 그리고 당신이 팀장으로서 겪는 실수, 부주의, 시행착오는 어떤 팀원에게는 너무나 버티기 힘든 시간이 될 수도 있습니다.

당신이 물어볼 수 있는 경험자, 멘토를 빨리 찾는 것이 매우 중요합니다. 그리고 그 경험자는 당신이 봤을 때 이미 완성된 사람이 아닌 어떤 과정을 통해서 성장한 사람이면 좋겠습니다.

좋은 팀장이 되기 위해서
어떤 노력을 해야 할까요?

리더가 되기 전에 본인이 쌓아온 과거 경험을 통해서 자연스럽게 리더가 되는 과정을 거친 분들도 있겠지만 대부분은 회사에서 연차가 쌓이거나 업무 성과를 인정받아 승진하면서 팀장이 되는 분들이 많습니다. 일을 잘하기 때문에 팀을 잘 이끌 것이라는 단순한 생각이 많지만 사실 팀원과 팀장은 전혀 다른 역량이 필요합니다. 팀장이 되기 전까지의 과정이 다르더라도 어떤 리더가 되겠다는 본인만의 목표가 생긴다면 이제부터는 그에 관한 굉장히 구체적이고, 디테일한 Goal을 세워야 합니다.

1) Knowledge (지식)
2) Skill (기술)
3) Attitude (태도)

훌륭한 팀장이 되겠다는 그 목표와 노력은 KSA 이 3가지가 모두 조합되어야 합니다. 그리고 지난 시간 과거로부터의 회고의 과정, 현재에서의 피드백 반영, 미래를 그리는 과정이 동시에 이뤄져야 합니다.

KSA의 관점에서 팀장으로서 필요로 한 역량을 정의하고, 목표를 세우고, 노력하는 단계의 한 Cycle을 온전히 거쳐 보는 것이 중요합니다.

그리고 그 후에는

준비 → 실행 → 피드백 청취 → 수정 → 실행

의 과정을 계속 거치면 됩니다.

누군가의 팀장이 된다는 것은 쉬운 일이 아닙니다. 하지만 그 타이틀의 무게감과 같이 한 사람의 팀장 역할을 잘 수행하는 것은 어렵고도 너무나 중요한 일입니다. 훌륭한 리더가 되기 위해서 이런 노력까지 해야 하나? 생각이 들 수도 있지만 당신이 누군가의 삶에 미치는 영향력을 생각한다면 이런 노력을 해야 하는 것이 맞습니다.

본인에게 질문하고, 답을 내리고, 고민하고, 노력하는 과정을 거치면 본인이 가장 많이 성장해 있을 것입니다. 훗날 당신은 분명히 훌륭한 리더로 평가받고 있을 것입니다.

제2장
꼭 갖춰야 할 팀장의 기본기

리더로서의 계획

처음 팀장의 자리를 맡게 된 분들은 사실 리더십이 검증되었다기 보다는 업무 성과가 좋았거나 경력 연수가 길어 팀장이 되는 경우가 많은 것이 사실입니다. 팀원일 때 내가 주도적으로 리더십을 발휘하는 것과 팀원을 두고 누군가를 리드하는 것은 분명히 다른 역량입니다. 그래서 우리는 이를 위한 디테일한 사전 준비가 필요합니다. 일단은 아래 4가지 정도는 꼭 생각해 보셨으면 합니다.

1) 팀장으로서의 개인적인 목표 설정

2) 1년간의 팀원 관리 사이클 적어보기

3) 팀원과의 1대1 일정 및 대화 주제 세팅

4) 팀 전체 미팅 주기/방식 세팅

계획하는 과정에서 회사 HR의 도움을 받을 필요도 있고, 이미 팀장 역할을 하는 분들께 조언을 받는 것도 좋은 방법입니다.

레퍼런스를 참고하는 것도 좋으나 백지상태에서 내 생각을 적어보는 것만으로 큰 의미가 있을 것입니다. 그런 과정이 쌓여서 팀장으로서의 마인드, 가치관, 철학이 형성된다고 생각합니다.

팀장 마인드 확립

"마인드가 바뀌면 모든 것이 바뀐다."

"마인드가 바로 서 있으면 태도, 노력, 변화는 자연스레 동반된다."

팀원에서 팀장이 된다는 것은 기대되는 역할, 책임이 완전히 달라지는 것을 의미합니다. 그래서 자리에 맞는 마인드를 강하게 셋업 하는 것이 무엇보다 중요합니다.

1) 책임감과 약간의 pressure(압박감)을 느낄 것

2) 태도, 매너 등은 이전과 같이 일관 되게 행동해야 할 것

3) 나는 한 개인이 아니라 회사의 관리자 레벨이라고 생각할 것

4) 나는 팀의 리더라는 것을 명심할 것

5) 나로 인해 누군가에게 회사 생활이 의미 있는 곳이 될 수도 있고, 누군가에게 지옥이 될 수도 있다는 것을 생각할 것

6) 나만 잘해서는 안 되고 팀이 잘 되게끔 해야 한다는 것을 생각할 것

7) 팀원의 역량이 성장해서 업계에서 경쟁력 있는 사람이 되도록 도와줘야 한다는 것을 명심할 것

가장 중요한 것은 사람을 관리하는 팀장의 자리가 얼마나 중요한지 중요한 지 인식하는 것 그리고, 나는 누군가에게 영향력을 줄 수 있는 정말 중요한 사람이라는 것을 인지하는 것입니다.

팀장의 첫 30일

리더가 된 후 첫 30일 안에 해야 할 일 중 하나는 나의 팀원이 어떤 사람인지 파악하려는 노력입니다. 그리고 이런 노력은 Technical(기술적인) 한 방법과 1 on 1 대화를 통해서 팩트와 주관적인 요소가 균형 있게 파악되어야 합니다.

1) 팀원의 이력서 확인
2) Job Description (직무기술서)을 통해 팀원의 현재

업무 파악하기

　3) 팀원의 이전 성과평가 결과/피드백 코멘트 확인하기

　4) 팀원과 첫 1 on 1하기 (최대한 casual 한 분위기)

　팀장 분들과 대화를 할 때 가끔 놀라는 점은 본인의 팀원에 관해 너무 모른다는 것, 그리고 팀원을 알기 위한 물리적인 노력을 하지 않는다는 것입니다.

　일하면서 만난 관계여서 불필요하다고 생각할 수도 있지만 역설적으로 일을 잘하기 위한 파트너십을 이루고 팀원의 성장을 돕기 위해서 전제될 것은 상대방의 성격, 스타일, 가치관, 목표 등을 정확히 인지하는 것입니다. 그래야 팀원을 위한 유연하면서도 개별화된 리더십을 발휘할 수 있습니다.

　물론 이 과정에서 나름의 선을 지키면서 천천히 알아가는 과정과 자연스럽게 대화를 통해서 정보를 얻고, 또 그것을 잘 기억하는 것도 필요합니다.

팀장의 첫 90일

누군가와 3개월 정도 함께 시간을 보내면 그 사람이 어떤 스타일인지 대략 감을 잡을 수 있습니다. 그리고 관계에 있어서 소위 허니문 기간이라는 약 3개월의 시간이 지나면 처음과는 다른 상대방의 모습을 발견하고, 장단점이 눈에 띄게 됩니다. 이 시기에는 개인에 대해 관찰하고, 발견하고, 느꼈던 것을 토대로 개인의 특성을 분석해 보면 좋습니다.

1) 내향적인 팀원 vs 외향적인 팀원

2) 업무 중심적인 팀원 vs 관계 중심적인 팀원

3) 나에게 편하게 말하는 팀원 vs 나를 어려워하는 팀원

4) 나와 성향이 비슷한 팀원 vs 나와 반대의 성향인 팀원

5) 커리어 개발에 열정이 있는 팀원 vs 안정을 추구하는 팀원

6) Show off (과시)에 능한 팀원 vs 묵묵하게 드러나지 않는 팀원

팀으로서 그림 그려 보기

이렇게 구분하는 과정을 거치고 나서의 할 일은 팀으로서의 특징을 그려 보는 것입니다. 이 과정을 통해 한쪽의 성향에 몰려 있는 것을 발견할 수도 있고, 팀 전체로서 가지지 못한 스타일, 역량 등이 정의될 것입니다.

그러면 이것을 채우기 위한 외부 채용이나 내부 인사이

동보다는 팀 내에서 먼저 그 역할을 대신해 줄 누군가를 찾고, 기회를 주는 노력을 먼저 하는 것이 좋습니다.

예를 들어 '우리 팀의 이런 프로젝트가 생겼을 때는 이 사람이 적합하겠다.' '이 팀원이 이런 상황에서는 이런 역할을 해 주면 좋겠다.'라는 것을 고려하는 것입니다.

서두르지 말고 장기적인 관점으로 볼 것

이 시기에서 또 하나 중요한 것은 서두르면 안 된다는 것입니다. 3개월이면 파악이 끝났다고 판단해 처음과 너무 다른 행동을 하거나 속도를 갑자기 내는 팀장이 있을 수 있습니다.

함께 팀으로 일하는 것의 속도는 함께 동승하고 있는 사람이 따라올 수 있는 수준이어야 합니다. 조금만 여유를 갖고, 장기적인 관점에서 천천히 팀을 Lead 하는 자세가 필요합니다.

팀장의 첫 180일

이제는 개인, 팀에 관한 파악이 어느 정도 되셨을 겁니다. 이 시점에서 초반과 다르지 않게 팀원들과의 좋은 관계, 내가 마음먹은 팀장으로서의 초심을 유지한 것만으로도 이미 성공입니다. 하지만 대부분은 처음엔 없었던 갈등이 생기거나 사람의 단점이 보이기 시작합니다.

그리고 여기서부터는 문제를 바라보는 관점에 대해서 중요하게 생각해야 합니다. 특히 나와 팀원 사이에 있었던 challenge(어려움), 트러블, 이슈 등에 있어서 그 원인을 팀원에게서만 찾으려는 행동은 조심할 필요가 있습니다.

나에 대한 피드백을 받아야 하는 시간

불편할 수 있지만 나의 리더십에 대해서 피드백 받고, 진단하는 과정은 반드시 거쳐야 합니다. 문제의 원인을 나에게서 찾아보는 것이 모든 것의 출발점입니다. 그게 1 대1 대화 방식이든, 무기명 360도 진단 방식이든 관계없습니다.

대신 상대방이 진실한 피드백을 편하게 제공할 수 있는 환경만 조성되면 됩니다. 말하기 어려운 상황을 만들어 놓고, "우리 팀원은 피드백을 안 줘요.", "저에게 아무 불만 없던데요." 이런 생각은 안 하시는 것이 좋겠습니다. 피드백을 주는 것이 익숙한 자리일수록 피드백을 받을 생각부터 해야 합니다.

그렇게 해서 받은 피드백을 바탕으로 나 자신을 돌아보고, 점검하고, 수정하고, 다시 방향성을 정하는 과정. 식상할 수 있지만 누군가를 이끄는 역할에 있어서는 이것이 무한 루프처럼 이뤄줘야 합니다.

피드백을 통한 수정과 반복

지난 5편을 통해서 팀장으로서의 계획, 마인드, 그리고 처음 30일~180일까지 어떤 것을 해야 하는지를 살펴봤습니다. 이 시점이 되면 본인의 지난 6개월을 되돌아볼 필요가 있습니다.

그리고 피플매니징 관점에서 3가지로 심플하게 분류화하는 작업을 거치면 좋습니다.

1) Start: 지금부터 새롭게 시작해야 할 것

2) Stop: 해 왔던 것 중에 멈춰야 할 것

3) Continue: 계속 이어서 해야 할 것

6개월 기간 중 하지 못했던 것은 다시 실행하고, 그리고 조직의 변화로 팀원의 변화가 생길 시에 처음의 과정을 반복하는 것입니다. 그리고 이 시점에서 나 스스로 이런 질문을 해 보셨으면 합니다.

1) 내가 팀장이라는 호칭에 어울리는 행동을 하고 있는 가?

2) 내가 리더십의 역량을 갖고 있는가?

3) 내가 팀원에게 도움이 되고 있는가?

4) 내가 팀원의 성장을 돕고 있는가?

5) 사람들이 나를 리더로 인정하는가?

6) 나에게 조언해 줄 사람은 누구인가?

팀원은 계속 서포트해 주고, 관심의 대상이 되어야 하는 것이지 시간이 지나 익숙한 시기가 된다고 방치해도 되는 대상이 아닙니다.

　계속 대화하고, 피드백을 주고받고, 방향성을 제시해야
합니다. 이런 과정을 거치면 리더십이라는 역량도 점점
발전하고, 성장하여 더 큰 팀의 더 큰 자리의 리더로 발돋
움할 수 있을 것입니다.

제3장
리더 마인드 키우기

훌륭한 리더가 되기 위해서는 지식, 경험, 테크닉을 갖추는 것도 중요하지만 그 역할에 걸 맞는 마인드를 키우는 것이 중요합니다. 이번 제3장은 리더 역할을 하면서 가져야 할 마인드에 관한 내용입니다.

공감과 현실적인 조언 사이

사람들이 가치관을 말할 때 좌 vs 우 / 이상 vs 현실 / 집단 vs 개인 이런 식으로 이분법적으로만 선택해야 한다고 생각하는 경우가 많습니다. 그래서 우리는 본인만의 선택하거나 아니면 누군가에게 조언해 줘야 하는 상황이 되면 한쪽에 치우친 가치관, 사고방식을 갖고 결정하는 경우가 많습니다.

결론적으로 말하면 그럴 필요가 없습니다. 이것은 가치관이고 정답이 없는 문제이기 때문에 누구 말이 맞는다고 단정 지을 수 있는 문제는 아닙니다. 도움이 필요한 사람에게는 공감도 해 주고, 현실을 직시시켜줘서 변화를 끌어내는 것도 필요하기에 이 두 가지를 적절한 조합할 필요가 있습니다.

　말을 건네는 사람도 말을 듣는 사람도 한쪽으로 쏠리는 것은 다른 한쪽을 볼 수 없기 때문에 균형이 깨질 수 있습니다. 그래서 저는 누군가에게 조언해야 하는 상황이 있으면 아래와 같은 사고 체계를 말씀드리고 싶습니다.

　경청 → 공감 → 현실 자각 → 현실적인 방안 제시

심리적 안전감을 제공한다는 것

　　최근 회사에서 조직 문화 관련한 프로젝트팀의 일원이 되면서 '조직 문화'에 대해서 깊이 생각하고, 들여다보는 시간을 보냈습니다. 인사팀으로서 이런 일이 있어야 더 깊게 들여다보는 저 자신이 부끄럽기는 하지만 이 기회를 통해서 회사의 문화에 대해서 생각해 볼 수 있는 좋은 기회였습니다.

심리적 안전감

'심리적 안전감'이란 조직 내에서 어떤 일이나 말을 하는 데 있어서 나 자신이 안전하게 보호받는다는 느낌을 받는 것을 말합니다. 이런 심리적 안전감을 통하여 본인이 생각한 의견을 두려움 없이 말할 수 있게 되고, 소신있게 행동 할 수 있습니다. 모든 회사의 비전과 미션은 훌륭합니다만 멋진 말이나, 회사의 미션, 비전보다 중요한 것은 그 가치가 조직 속에서 실현되고 있는가? 하는 것입니다.

시스템을 다루는 것은 사람이기 때문에 잘 만들어 놓은 회사의 가치나 철학도 사람의 손을 거치면서 전혀 다른 양상을 맞이합니다. 그 중요한 가치가 조직과 직원에게 깊이 전달되는 것은 쉬운 일이 아닙니다.

심리적 안전감이 없는 조직의 모습

1) 팀 회의 중 말하는 빈도가 한 사람에게 거의 집중되어 있다.
2) 팀장의 의견에 반박을 하는 사람이 전혀 없다.
3) 새로운 프로젝트를 할 때 자원하는 사람이 없다.

실패를 악용하는 사람은 없을 것입니다

실패를 장려하는 문화가 있다고 해도 그것을 이용해서 무책임한 도전을 하는 사람은 없을 것입니다. 오히려 본인이 더 책임감을 갖게 되고, 압박감에서 벗어나기 때문에 더 창의적이고, 더 신선한 아이디어가 나올 수 있습니다.

두려움이 없어지게 되면 전형적인 답이 아닌 창의적인 아이디어가 나오게 됩니다. 새로운 시도나 도전은 사실

엉뚱한 생각에서 시작하는 경우가 많습니다. 사고의 체계가 완전히 뒤바뀌는 것입니다.

승인권자가 더 많은 책임감을 보여줘야 합니다.

우리는 상사와 일을 하게 되면 본능적으로 느낍니다. 이 사람이 어떤 일이 있을 때 나를 보호해 주는 사람인지? 아니면 어떤 일에 대한 실패는 내가 전부 감당해야 하게 되어야 하는지? 발생하지 않을 일에도 이 사람이 나를 어떻게 대할지 우리는 과거의 경험을 통해서 예상합니다.

그렇기 때문에 직원도 본인을 스스로 보호할 수 있도록 방어적으로 됩니다. 팀장 입장에서는 팀원이 실수로 업무를 잘 수행하지 못한 경우에는 질책해야 합니다. 질책해도 됩니다. 하지만 다른 자리에서는 팀원을 보호해주고, 방법을 찾을 수 있도록 서포트할 수 있어야 합니다.

팀원이 잘하지 못한 일에 대한 책임을 그 업무의 승인 권자인 리더가 갖고 있기 때문입니다. 그렇기 때문에 회사는 리더라는 타이틀을 부여하는 것입니다.

"리더가 나를 위해서 보호해 주고, 책임을 함께 하려고 노력하는 모습을 볼 때 그때 팀원의 마음이 열립니다."

업무를 위임한다는 것

'위임'(Delegation): 개인 또는 집단이 다른 개인이나 집단에 권력 또는 권위를 이양하는 것.

조직의 입장에서 보면 위임은 참으로 멋지고 바람직한 멋진 말입니다. 누군가의 부재중에도 그 일을 대신할 수 있도록 시스템화되어 있고, 또한 위임받는 사람은 추후 누군가의 역할을 대신하며 업무 영역을 확장할 수 있기 때문입니다.

하지만 실제 위임은 리더들이 하기 쉬운 행동은 아닙니다. 왜냐하면 위임은 내 권한을 일부 넘겨준다는 것이고, 본인이 가진 권위와 힘을 약화한다고 생각을 할 수 있기 때문입니다. 그리고 만약 그 위임이 성공적으로 잘 되면 본인의 존재감, 포지셔닝이 줄어드는 것으로 생각할 수 있기 때문입니다.

진짜 위임하는 사람

개인적으로 훌륭한 리더의 멘토로 삼고 있는 한 분의 위임에 관한 철학입니다.

1) 매니저는 어디서 데리고 오는 것이 아니라 키우는 것이다.
2) 직원을 믿고 권한과 책임을 부여하면 그 역할을 해내면서 성장한다.
3) 진짜 리더는 중요한 결정, 그리고 사람 관리하는 일

만 한다.

4) 모든 직원은 1명 이상의 위임자를 필수로 두게 한다.

5) 의사 결정 전 팀원에게 당신의 경우에 어떤 결정을 할 건지 물어보고, CEO의 입장에서 생각하도록 훈련을 시킨다.

본인 업무의 위임부터 시작된다

승인권자 한 명의 부재로 인해 의사 결정이 늦어져 비즈니스에 영향을 주는 경우를 본 적이 있을 것입니다. 사실 위임은 꼭 조직의 대표, 임원, 팀장에게만 해당하는 것은 아닙니다. 나의 역할을 위임하는 것, 내가 부재중이어도 원활하게 돌아갈 수 있도록 하는 것 그것이 바로 위임의 시작이라고 생각합니다.

저는 저의 업무에서도 위임을 잘하는 사람이 아닙니다. 그동안 긴 여름휴가에도, 12월 말 연말 전사 휴가를 사용

했을 때도 그리고 가끔 연차 휴가를 사용할 때도 지금까지 휴가 기간에 단 하루도 이메일을 확인하지 않은 날이 없습니다.

생각해 보면 스스로에 대한 불안감이 더 컸던 것 같습니다. 내 업무 매뉴얼을 만들어 놓고, 다른 사람이 쉽게 이해하고 확인할 수 있게 하거나, 나 대신 동료가 업무를 처리할 수 있도록 내 업무를 시스템화할 수도 있는 것 등에 대해서 진지하게 고민하지 못했습니다.

이 불안이 습관성에서 오는 심리적 불안감인지, 아니면 내가 위임이라는 역량을 갖출 생각조차 안 하는 데 기인한 것인지 저 자신에 대해서 생각해 보고 있습니다.

리더십의 최종 진화, 위임

리더 입장에서 업무를 위임하고, 시스템화해서 원활하게 돌아가는 조직을 만드는 것은 어찌 보면 더 큰 나의 리더십 역량을 펼치는 것을 의미합니다. 단순히 승인권자의 입장에서 나의 승인이 지체되면 다음 단계로 못 가게 하는 정도의 권한 그리고 그렇게 해서 내주지 않는 권한과 힘은 언젠가는 소멸할 수밖에 없습니다.

저는 HR을 하는 사람이지만 역설적으로 조직의 성공을 위해서는 사람 의존적인 체계가 아닌 시스템 의존적인 유기적 체제로 가야 한다고 믿습니다. 조직에서 사람 한 명이 미칠 수 있는 영향력이 줄고, 시스템화해서 어떤 사람의 공백도 메꿀 수 있도록 위임화가 잘 돼야 롱런하는 조직이 될 수 있다고 생각합니다.

주는 사람이 제일 성공합니다

3가지 유형의 사람들

기브 앤 테이크 (Give and Take)라는 관점에서 우리는 크게 사람을 크게 3가지 유형으로 분류 한다는 것을 많이 듣곤 합니다.

1) Giver(기버): 대가를 바라지 않고 남을 돕는 사람
2) Taker(테이커): 받는 것만 좋아하는 사람
3) Matcher(매쳐): 받은 만큼만 돌려주는 사람

그리고 기브 앤 테이크 관점에서 가장 중요한 핵심은 남을 돕고, 지식과 경험을 공유하고, 양보하는 사람이 결국에 가장 성공한다. 는 것을 수치와 논리를 통해 입증하며 보여주고 있고, 이는 매우 의미 있는 결과라고 생각합니다. 우리가 통상적으로 갖고 있던 자기의 이익만을 취한 사람이 성공한다는 예상을 완전히 뒤집는 것이기 때문입니다.

기버가 성공하는 사회

성공한 기버들은 상대방을 언제, 어떤 방법으로 도와줘야 할지, 언제 돕지 않아야 할지에 대한 나름의 원칙을 가지고 판단합니다. 무조건 상대를 돕기보다는, 처음에 도움을 제공하고 그들의 행동 패턴을 살핀 후 만약 테이커라는 것이 확인되면 그들에게 도움을 제공하지 않거나 좀 더 신중하게 대합니다.

선의로 누군가를 돕고, 전달하고, 공유하는 것이 과정

으로만 아름다운 것에 그치는 것이 아니라 이런 사람들이 가장 성공하고, 존경받는 위너가 되는 분위기, 문화가 계속 자리 잡혀야 합니다.

누군가에게 성공의 의미가 재력, 사회적 자리, 승진의 경우는 모르겠으나 성공의 의미를 다른 사람의 인정, 관계, 존경 등의 가치를 포함하는 의미로 확대한다면 기버가 성공하는 것은 당연하다고 생각합니다.

주는 사람이 제일 많이 성장하고 성공하는 사회의 문화, 분위기가 되어야 합니다. 그리고 이런 분위기가 팀, 조직, 회사에도 자리 잡는 것이 너무나 중요합니다.

자리가 사람을 만들기도 합니다

처음부터 타고난 리더는 없다

　리더에게 필요한 역량을 심플하게 몇 가지로 정의할 수
는 없을 것입니다. 리더십 역량을 키우고 개발하는 방법
에도 여러 가지가 있겠지만, 대부분의 경우 많은 경험과
시행착오를 통해서 발전시켜 나갑니다. 준비가 잘 안 되
어 있는 상황에서도 리더의 자리로 올라가는 경우도 있
고, 리더의 역할을 수행하는 것만으로도 시행착오를 겪으
면서 성장하기도 합니다.

그동안 HR의 관점에서 조직의 리더분들을 보았을 때 리더가 되기 위해 Technical 한 지식과 노하우를 미리 준비해서 좋은 리더가 된다기보다는 리더가 되고 나서 물리적인 시간, 노력, 배움 등을 통해 시행착오를 겪은 후 좋은 리더로 성장한다.라는 것이 맞는다고 생각합니다.

'처음부터 리더는 없었다.' '어떤 리더에게도 처음의 순간은 있었다.' 실제 경험하는 것만큼 좋은 공부는 없지만 이에 따른 시행착오와 그로 인한 임팩트를 고려했을 때 사실은 충분히 미리 연습할 방법이 있습니다.

시작하기 전 간접 경험의 중요성

프로스포츠에서 보면 감독 대행이라는 직책이 있습니다. 감독 (Head Coach)이 갑작스럽게 사임하거나 경질되는 경우에는 그 팀의 선임 코치 중 한 명이 보통 선임되는데 새로운 감독이 올 때까지 임시로 그 자리를 메우는 경우도 있고, 임시로 채우는 것이 계획이었는데 생각 외로 좋은 성과를 내서 정식 감독으로 선임되는 경우도 많이 있습니다.

전자와 후자를 결정하는 가장 큰 요소는 바로 간접 경험, 그리고 시뮬레이션 연습이라고 생각합니다. 그것을 충분히 한 사람은 임시라는 꼬리표를 떼고, 주위의 예상을 뒤엎고 좋은 리더로 성장하기도 합니다.

리더가 되기 전에 해야 할 3가지 질문

1) 내가 저 상황이면 어떻게 말했을까?
2) 어떻게 대처했을까?
3) 어떤 결정을 내렸을까?

살아 있는 리더십의 공부는 이 3가지 질문에서 시작한다고 생각합니다. "리더가 된다면 이렇게 해야지." 라는 막연한 생각보다는 오히려 리더가 아닌 자리에서 이와 같

은 생각과 질문을 하고, 스스로 답을 내리는 과정이 바로 리더십 트레이닝이라고 생각합니다

　그 과정을 많이 거쳐야 실제 리더가 되었을 때 시행착오를 줄이고, 오히려 전임자의 그늘에서 벗어나고 나만의 리더십 방식을 만들어 갈 수 있습니다. 오랫동안 많은 리더분을 관찰하니 이러한 준비 분들이 좋은 리더로 성장합니다.

개방성을 갖는다는 것

얼마 전에 회사 내의 한 팀을 대상으로 팀 빌딩 차원의 DISC 워크숍을 퍼실리테이터로서 진행했었습니다.

Disc 워크숍 이란?

'사람의 행동유형을 Dominance(주도형), Influence(사교형), Steadiness(안정형), Conscientiousness(신중형)로 구분하여 타인의 행동을 이해하고, 자기 행동 유형과 강점

을 발견하고 이를 활용할 수 있도록 하는 활동'

　그중 여러 명의 팀원을 관리하고 있는 1명의 팀장분에게 부족한 점을 인정하는 용기에 관해 많은 감명을 받은 이야기가 있습니다.

제 팀원이 채워주고 있습니다

　팀마다 담당하고 있는 업무마다 두드러지게 나타나는 DISC의 유형이 분명히 존재합니다. 왜냐하면 그 업무에서 필요로 하는 성향을 보인 사람이 그 일을 할 수 있는 가능성이 높기 때문입니다.

　예를 들어 HR이라고 한다면 I형(사람지향적인 사교형)의 비율이 가장 높습니다. 하지만 HR의 영역 중에 급여, 성과관리 및 보상과 같이 숫자나 데이터를 많이 다루는 분들은 Conscientiousness(신중형)의 많이 나옵니다. 사실 이런 결과에 대한 일반적인 생각도 편견일 수 있습니다.

해당 역할에서 한 가지 역량만 필요한 것도 아니고, 그리고 한 가지만 갖고 있다고 잘 수행해 낼 수는 없기 때문입니다. 작년에 진행했던 해당 팀의 워크숍에서 각자 본인의 DISC 진단 결과를 공유하는 순서가 있었는데 한 명의 팀장만 다른 많은 사람들과는 유독 정반대의 결과가 나왔습니다. 그리고 그 결과는 우리가 그 업무에 대해 일반적으로 생각했을 때 Fit 하지 않다.라고 생각할 수 있는 것이었습니다. 그 팀장분께서 한 얘기가 기억이 납니다.

"저는 제 업무에서 가장 필요로 하는 꼼꼼함이라는 점수가 낮지만, 저의 부족한 부분을 제 팀원이 채워주고 있습니다."

많은 DISC 워크숍을 진행했지만 처음 듣는 말이었습니다. 저에게는 신선한 충격이었습니다. 보통은 '내가 더 상위 포지션에 있으니까.' '내가 더 경력이 많으니까.' '내가 팀장이니까.' 하는 생각 때문에 우리는 자기 단점을 냉정하게 바라보거나 오픈하지 못할 때가 많습니다. 바로 다른 사람이 나를 어떻게 생각할까? 라는 프레임이 작동하기 때문입니다.

하지만 본인 얘기를 하면서도 오히려 팀원들의 장점으로 전환하여 얘기하는 관점, 마인드, 그리고 그것을 전달하는 커뮤니케이션 방법이 너무 탁월했습니다.

'개방성' 리더십의 시작

개방성: 솔직함. 마음이 열려 있음. 편협하지 않음. 막히거나 가려져 있지 않고 트여 있음.

본인의 성장을 위해서 또한 누군가를 정말 신뢰하고, 제대로 된 위임을 하기 위해선 나 자신의 강점/약점/개선이 필요한 영역에 대해서 정확히 인지하는 것이 가장 중요합니다. 그리고 그것을 인정하는 것만으로 여러분의 팀원은 오히려 당신의 리더십을 인정할 것입니다. 그때 당신은 진정한 위임, 신뢰의 가치를 팀원에게 줄 수 있을 것입니다.

본인의 단점도 솔직하게 용기를 내서 말할 수 있는 리더는 분명 시간이 지나면 더 성장해 있을 것입니다. 개방성과 겸손함을 가진 사람은 어떤 일을 하더라도 어느 자리에 있더라도 빛이 아니라 생각합니다.

꼰대 & 라떼 문화

꼰대 지수 테스트, 꼰대력, 라떼 is horse, 젊은 꼰대(젊꼰) 등. 최근부터 꼰대 관련한 많은 신조어가 생기고, 이제는 조직 문화의 한 단면을 보여주는 하나의 트렌드가 되는 것 같습니다. 선배 세대의 말과 행동들, 그리고 기존의 관행, 방식에 대한 고찰. 예전에 당연하게 받아들였던 나이, 직급으로 서열화되었던 문화에 대한 반감이 커지고 있는 것으로 이해합니다.

'꼰대'란?

권위적인 사고를 가진 어른들을 비하하는 학생들의 은어로 최근에는 꼰대질을 하는 사람을 의미.

매우 조심스러운 시대입니다. 조언과 잔소리 훈수는 한 끗 차이이고, 좋은 말이라도 받아들이는 사람의 입장, 기분에 따라서도 달라질 수 있기 있기 때문입니다. 하지만 누군가에게 업무 지시를 해야 하고 피드백을 줘야 하는 사람들의 입장에서 이러한 꼰대를 혐오하는 문화가 하더라도 본인의 본분을 안 할 수는 없을 것입니다. 기존 기성 세대의 팀장, 관리자로 막 진입하는 사람들까지 해당 됩니다.

확실히 전과 다르게 팀원들의 눈치를 많이 보고, 신경 쓰려는 모습을 볼 수 있습니다. 그리고 꼰대로 판단 되는 데에 있어서 말 뿐만이 아니라 비언어적 요소도 중요합니다.

1) 선배: 내 경험을 통해서 알려 주면 선배

2) 꼰대: 내 경험을 통해서 너를 평가하면 꼰대

사람은 본인이 경험한 것에 대해서 얘기하고 공유하는 것을 좋아합니다. 이 과거 경험의 내용도 중요하지만, 그것을 전달할 때의 말투, 표정, 태도 이러한 비언어적 요소도 그에 못지않게 중요합니다.

말이라는 내 의도가 어찌 됐든 말은 받아들이는 사람에 따라 조언이 될 수될 수도, 잔소리가 될 수도 있기 때문입니다. 우리는 말하는 사람의 진심이나 의도까지 알아차리긴 어렵습니다.

신조어 보다는 공감의 노력이 먼저

꼰대로 보이지 않기 위해서 MZ 세대에 대해 공부를 하는 문화도 많아진 것 같습니다. 예를들어 그들의 소비패턴, 트렌드, 핫플레이스, 최신 유행어 등이 있을 것입니다.

물론 그들을 이해하려는 물리적인 노력을 하는 것도 것도 중요합니다. 하지만 중요한 것은 그전에 마인드 셋을 갖추는 것입니다. 특히 현재의 상황이 다른데 과거의 경험을 통해서 현재를 바라보는 시각이 가장 위험합니다. 이런 마인드 셋이 내가 계속 꼰대가 되느냐 아니냐에 있어서의 key라고 생각합니다.

1) "내가 예전에 다 해 봐서 아는데요." → "지금 상황에서는 안 해 봐서 얼마나 어려운지 모르겠어요."

2) "나 때는 지금보다 더 힘더 힘들었어요" → "예전보다 지금이 더 힘들 수도 있겠어요."

8시 59분 출근

최근 한 온라인 커뮤니티에서 논쟁이 되는 글을 보았습니다.

8시 59분에 맞춰 출근하는 신입 사원에게 뭐라 하면 꼰대다 vs 할 수 있는 말이다. 저 또한 누가 맞고 틀리다. 판단할 수 없는 문제입니다. 선과 악의 싸움이 아니고, 상식과 합리성의 관점이라고 봅니다. 한 구성원으로서 어디에

소속되어 있으면 그 조직의 관행과 문화를 따르는 것도 중요하다 생각합니다.

어찌 됐든 인간은 사회화라는 필연적인 과정을 거치는 존재이기 때문입니다. 팀장분들은 앞으로 지금보다 사람 관리가 훨씬 더 힘들어질 것입니다. 팀원의 왜? 라는 질문에 대한 납득시킬 수 있는 자신만의 근거와 논리가 있어야 합니다.

그리고 그동안의 경험이 단순히 시간의 누적에 그치는 것이 아니라 선한 영향력, 인사이트를 제공할 수 있어야 합니다. 후배 세대분들은 기본적으로 선배 세대와 먼저 그 길을 걸어간 사람들에 대한 존중의 마음은 함께 있으면 더 멋질 것 같습니다.

서로의 선을 지키는 것이 가장 중요합니다.

"잠깐 드릴 말씀이 있는데요."의
기회를 놓쳐서는 안 됩니다

    회사의 팀장분들과 1대1 면담할 때 팀원 관련한 내용은 꼭 다루는 중요한 주제입니다. 그 대화 속에서 가끔 팀장분들에게 이런 얘기를 듣곤 합니다.

  1) "팀원이 가끔 갑작스러운 퇴사를 한데요."
  2) "팀원이 지금까지 잘하다가 현재 역할에 불만이 많아졌어요."
  3) "팀원의 사기가 갑자기 저하 됐어요."

팀장과 팀원의 중간 다리 역할을 하는 HR의 입장에서 보면 그 이전에 팀원이 팀장에게 충분한 시그널을 주었을 가능성이 굉장히 높습니다. 갑자기가 사실은 갑자기가 아닌 경우가 많았습니다.

HR 담당자로서 팀장과 팀원 간의 많은 갈등의 케이스를 보면서, 특히 팀장 입장에서 놓치기 쉬웠던 포인트에 관해 얘기해 보고자 합니다.

수많은 고민 끝에 하는 한마디

팀원을 매니징하는 리더의 입장에서 한 번쯤은 경험해 보셨을 겁니다. 일상의 얘기나 업무 보고가 아닌, 갑자기 다른 분위기에서 이런 팀원의 말들이요.

"잠깐 드릴 말씀이 있는데요."

"잠깐 시간 되세요?"

그리고 이어지는 팀원의 이야기들이 있습니다. 예를 들

면 회사 생활의 고충, 업무의 불만족, 보상에 대한 불만족, 불명확한 커리어 비전, 사내 인간관계에서의 트러블 등이 있습니다.

다양한 주제가 있겠지만 그 얘기를 꺼내는 데는 현재 어려운 상황에 놓여 있고, 팀장이 도움을 주었으면 좋겠다.라는 의도가 깔려 있습니다. 많은 회사의 조직 문화가 많이 바뀌어 가고 있지만 나의 인사권, 평가권을 가진 팀장에게 내 속내를 털어놓고, 허심탄회한 대화를 하는 것은 쉬운 일이 아닐 것입니다.

팀장에게 하는 말이 나의 포지셔닝에 영향을 줄 수 있다는 생각에 조심스러울 수 있기 때문에 절대 흘려들어선 안 됩니다.

HR로서 팀장과 팀원이 퇴사 면담을 하는 과정에서 양쪽의 입장을 들어보면 같은 대화 속에 있지만 서로 전혀 다르게 받아들이는 경우를 많이 봅니다.

1) 팀원 : 예전부터 도움이 필요한 내용을 팀장님께 계

속 말했는데 전혀 달라진 게 없었다.

　2) 리더 : 평상시 얘기가 없다가 갑자기 어떤 문제로 퇴사한다고 통보받았다.

　그렇기 때문에 평상시와 다른 분위기에서 이뤄지는 이와 같은 대화에서 팀장은 이 상황을 좀 더 심각하게 받아들일 필요가 있습니다. 그 대화 속에서 들었던 말들을 그냥 지나치시면 안 됩니다.

　대화가 끝난 후에 팀원이 왜 그 얘기를 꺼냈을까? 어떤 말을 했었는지, 말의 톤이 어땠는지, 어떤 상황이었는지 계속 생각해 봐야 합니다. 생각한 것보다 많은 고민 끝에 용기를 내어 그 말을 꺼냈을 수 있습니다.

초보가 왕초보를 가르친다

공감의 마력

요즈음 자기 계발 교육 분야에서 한 가지 주목할 만한 트렌드는 '초보가 왕초보를 가르친다.'라는 것입니다.

절약 정보 공유 유튜버 K

구독자 49만의 20대 짠순이 재테크로 유명한 유튜버. 월급 200만 원 받던 회사원이 생활 속에서 100원 아끼는 팁부터 시작하여 유명세가 커져 인플루언서가 되었습니다.

재테크 투자 유튜버 N

20대 물리치료사로 반지하 3개로 월세 140만 원을 받는 과정을 다룬 콘텐츠의 유튜브를 운영. 부동산 강의 분야 강의 1위. 구독자 22만 명이 넘어서고 오늘부터 건물주라는 책으로 베스트셀러 작가가 되었습니다.위 2명은 그 분야의 찐 전문가라기엔 관련 경력이 없었고, 20대의 평범한 직장인이었고, 거창한 목표가 아닌 아주 작은 시작부터 하나하나 나아가서 결과를 이룬 사람들입니다.

우리는 누군가에게 무엇을 가르칠 때 그 분야의 마스터가 되거나 누가 봐도 인정받는 위치에 있어야 가능하다고 생각하는 경우가 있습니다. 하지만 사람들은 나보다 몇 발짝을 앞서간 사람보다는 한 발짝 앞서간 사람의 이야기를 듣는 것을 좋아합니다. 그 사람들이 내 처지를 가장 공감해 줄 수 있는 사람일 수 있기 때문입니다.

인플루언서가 되고, 강의 플랫폼 사이트에서 1위가 되고, 베스트셀러 작가가 된 이 둘의 공통점은 그저 초보보다 한 걸음 먼저 빨리 나아갔고, 조금 나은 정도 수준이라는 것입니다. 사람들은 이미 완성된 전문가나 1등에게만 무엇을 배우려는 것이 아니라 나와 별 차이가 없었던 사람에게 더 공감합니다.

우월감부터 버려야 한다

이 레슨을 코칭의 입장으로 생각하면 2가지 포인트를 생각할 수 있습니다.

1) 누군가를 교육하고, 코칭할 때 가장 먼저 버려야 할 마인드는 '우월감'입니다.

내가 당신보다 다양한 지식, 경험, 노하우를 갖고 있기 때문에 당신을 가르친다. 는 마음을 갖는 것보다는 나도 그 당시에 당신과 같은 고민이나 어려움이 있었는데 이렇게 하니까 도움이 된다.라는 생각의 전환을 갖고, 메시지를 전달해야 합니다.

유튜브와 SNS의 세상에서는 구독과 팔로잉의 취소가 가능하지만, 현실에서는 어렵듯이 내가 생각할 때 선의의 한 마디가 다른 사람에게는 skip 하고 싶은 순간이 될 수도 있습니다.

2) 냉정히 듣는 사람의 현재 상황, 무엇이 고민일지를 캐치하려는 노력에 시간을 많이 쏟아야 합니다.

상대방이 현재 어떤 상황인지, 어디에 있는지를 잘 캐치해는 것이 중요합니다. 거리감을 좁히기 위해서는 공감하려는 노력과 그 사람이 되어 보려는 상상 이 2가지가 필요합니다.

그렇게 되면 팀장으로서 팀원과 더 잘 이해하고 소통할 방법은 간단해집니다. 상대방의 입장에서 공감하여 메시지를 던지는 것입니다.

360도 피드백을 받는 것의 중요성

360도 피드백이란?

조직 내에서 기존의 직속 매니저에 의해 평가하는 일반적인 방식에서 벗어나 동료, 팀원으로부터의 평가도 진행함으로써 평가 지표를 다각화하려는 제도. 많은 직원분이 원하고, 어찌 보면 진짜 직원의 목소리를 들을 수 있는 것으로 생각하지만 실제로 시행하는 회사는 드문 제도.

누가 정말 원하는가?

많은 직원분들이 360도 진단 도입을 원하지만, 본인이 그 대상이 되길 원하는 것보다는 나의 팀장, 우리 팀 임원이 대상이 되었으면 하고 생각하는 경우가 많습니다. 지금까지 360도 평가를 담당자로서 외부 업체와 함께 진행하기도 하고, 특정 팀, 포지션의 필요성에 따라 몇 번 진행한 경험이 있었습니다.

모든 사람 스스로는 자기 관대화, 합리화하는 성향을 갖고 있어서 다른 사람이 바라보는 나와 내가 바라보는 나에는 필연적으로 차이가 있을 수밖에 없고, 결국에 360도 피드백의 대상이 되는 분들은 적지 않은 충격을 받는 것도 여러 번 지켜봤습니다.

자발적으로 하는 그림이 좋다

360도 피드백을 대대적으로 하는 것은 회사 차원의 큰 시도이고, 조직 구성원의 사기에 큰 영향을 미칠 수 있는 것이기 때문에 매우 신중하게 다뤄야 하는 것이라고 생각합니다. 좋은 의도를 갖고, 프로그램을 시작하더라도 누군가에게는 다른 메시지로 받아들여질 수 있기 때문입니다.

대부분의 회사원은 대중의 심판을 받아야 하는 공인도 아니고, 포지션의 높낮이, 경중을 떠나서 동일한 시각에서 본다면 그저 본인의 역할을 잘 수행해야 하는 임무를 받은 똑같은 월급쟁이 직장인이기 때문입니다. 따라서 이런 프로그램을 통해서 피드백을 겸허히 수용하고, 이런 다양한 관점에서 나온 신랄한 비판과 부정적인 언어까지도 흡수하여 더 나은 리더로 성장하겠다는 분들은 충분히 도움이 됩니다.

하지만 회사의 프로그램 중 하나로 의무 정도로만 받아들인 분들에겐 좋은 변화를 발견하긴 어려웠습니다.

본질을 봐야한다

진정 직원들이 원하는 것은 나의 상사나 임원이 본인의 평가자인 Direct Manager (직속 매니저)만 신경 쓰지 말고, 부하직원, 타 팀의 다양한 동료들에게도 존중받는 리더가 되어야 한다. 라는 선한 의도 일 것입니다.

이것이 본질이기 때문에 오히려 꼭 시스템을 도입해서 하는 것도 하나의 방법이 될 수 있지만 내 팀원을 평가할 때 나의 관점만이 아닌 이런 다양한 목소리, 평판, 시각 등을 반영해서 평가한다면 공식적인 360 피드백이 충분히 대체될 수도 있다고 생각합니다.

결국 중요한 것은 팀장분들의 역량과 그 역량이 마음껏 펼쳐질 수 있는 회사의 문화, 분위기, 그리고 구성된 사람들이라고 생각합니다. 꼭 시스템 도입만이 최선은 아니라고 생각합니다.

누군가가 잘 되기를 진심으로 응원하는 것

'슬플 때 위로하는 것보다 잘 되었을 때 기뻐하는 사람이 내 친구다.'라는 말이 있는 것처럼 사람은 다른 사람의 좋은 일이나 성공을 나의 일처럼 진심으로 축하하기 쉽지 않습니다. 그리고 축하보다 때로는 위로와 공감이라는 것이 쉽게 느껴질 때도 있었을 것입니다. 그 순간만큼은 내가 그 사람보다 비교 우위를 가진다고 생각할 수 있기 때문입니다.

그런데 제게도 조금의 좋은 일이 있거나 작은 기회가

생겼을 때 진심으로 기뻐하고, 항상 잘 되기를 응원해 주시는 분이 계셨습니다. 이분께서는 제 업무상 매니저셨기 때문에 제가 역량이 부족하여 업무상 실수를 할 때는 크리틱도 많이 하셨었고, 개선 영역에 대해서도 정말 많은 피드백을 주셨었고, 때로는 굉장히 공격적이거나 혹독하기도 했습니다.

그런데 이상하게 단 한 번도 그분을 원망하거나 부정적인 감정을 떠올리지 않았습니다. 그 피드백을 통해서 제가 성장하기를 바랐고, 더 나은 HR이 되길 바라는 것이 느껴졌기 때문입니다.

사람은 다 느낍니다. 상대방이 나에 대해서 어떤 마음을 가졌는지, 어떤 의도가 있는 것인지, 진정 나를 위해서 피드백을 준 것인지 말입니다.

확실한 것은 누군가가 나를 믿어 주고, 기회를 주고, 지지한다는 것을 느꼈을 때 자발적. 능동적으로 변하게 되고, 더 동기 부여되고, 몰입됩니다.

그리고 그런 분을 위해서라도 더 잘하고 싶은 마음이

생깁니다. 사람의 마음을 움직여 자발적으로 하게끔 하는 것. 그것이 진정한 리더십이 아닐까 싶습니다.

사람을 배려하는 습관을 갖는 것

면접이 끝나고 진행되는 면접관끼리의 Wrap up (마무리) 미팅. 저는 면접관으로서 인터뷰에 참여하면 가능한 팀장분들과 1차 인터뷰 라운드부터 참여합니다. 해당 팀에서만 먼저 인터뷰를 보고 후보자를 결정하여 그다음 HR 인터뷰를 하면 되면 사실 HR 파트너로서 제대로 된 목소리를 내기 어렵기 때문입니다.

그렇게 1차 인터뷰를 마치고 면접관들과 Wrap up(마무리) 미팅을 하면서 각각 후보자에 대해서 피드백을 공유하는 과정을 거쳐 다음 라운드의 후보자를 결정합니다. 때로는 쉽게 후보자분의 역량을 판단하여 역량이 뛰어나다. 부족하냐를 쉽게 결론 내리는 경우도 있습니다.

하지만 시간이 지나고 탈락한 분의 커리어를 보면 더 큰 회사, 더 큰 리더로 성장하는 경우도 많이 봅니다. 과연 역량이 부족해서일까요? 아니면 우리와 fit이 맞지 않거나 면접관의 판단에 의해서 탈락이 된 걸까요?

물론 포지션에 따른 지원자의 역량이 아쉽다고 판단해서 drop(탈락)의 결정을 하는 경우도 있지만 면접관이 판단할 때 후보자의 역량뿐만 아니라, Cultural Fit(문화적합도), Career Path(경력개발계획), Team Dynamics(팀 조화) 등의 여러 요소를 종합하여 결정합니다.

말에서 인품을 느끼다

수많은 인터뷰를 보면서 많은 케이스를 접했지만, 인터

뷰가 끝나는 시점에 항상 후보자분을 배려하고, 아래와 같은 내용으로 말씀해 주시는 매니저분이 있었습니다.

"관심을 갖고 해당 포지션에 지원해 주셔서 감사드립니다. 오늘의 인터뷰 내용에 대해서 신중하게 검토해서 빠른 시일 안에 연락드릴 수 있도록 하겠습니다. 만약 아쉬운 결과가 나오더라도 이 포지션에 조금 더 적합 하다고 판단되는 분이 채용되었을 뿐 후보자님의 역량이 부족해서가 아니기 때문에 지금처럼만 하신다면 훌륭한 커리어를 계속 쌓으실 수 있을 거예요. 응원 드리겠습니다."

동일한 일을 계속 반복하게 되면 우리는 그에 익숙해지고, 적응하고, 때로는 해야 할 일을 생략하는 경우도 생깁니다. 한 분 한 분에게 진심 어린 말씀을 해 주는 것을 옆에서 들으면서 HR로서 그렇게 하지 못하고 있던 제 자신에게 부끄러운 생각이 들었습니다. 이런 태도와 훌륭한 매너는 교육으로 체화되는 영역은 아닌 것 같습니다. 맑은 마음과 인품에서 나오는 결과물입니다.

그 사람을 그 사람답게 하도록 해주는 것

다양한 진단 Tool에서 얻는 인사이트 제가 조직 내에서 DISC, MBTI, 애니어그램 등의 진단 Tool을 활용한 워크숍을 진행할 때 꼭 하는 활동이 있습니다. 한 사람의 실제 진단 결과 vs 타인이 한 사람의 성향을 추측한 결과를 비교하는 것입니다.

2개의 비교 결과가 비슷하면 그 사람은 본인의 성향대로 그 조직 안에서 자연스럽게 생활하는 것을 뜻하고, 결과의 차이가 크면 hidden area (숨기거나 감춘 영역)가 많은 것을 의미합니다. 후자의 경우가 본인의 원래 성향과는 다르게 말하고, 행동하고, 소통하기 때문에 스트레스레벨이 높을 가능성이 높습니다.

그 사람을 그 사람답도록 해주는 것

리더의 입장에서 팀원이 본인과 있을 때의 모습과 다른 편한 환경에서 있을 때의 차이가 크다는 것은 현재의 팀 분위기나 환경이 불편하게 세팅되었음을 의미할 수 있습니다.

"다른 데에서는 안 그렇더라."

"그런 면이 있었어?"

본인 팀원 중에 이런 평가를 듣는 사람이 있다면 신중하게 들여다볼 필요가 있습니다.

개인과 회사, 사적인 삶과 일로서의 삶을 분리하는 것은 매우 중요하지만, 성향 면에 있어서는 어느 환경에 가나 그 사람 고유의 스타일이 발휘하게끔 분위기와 환경을 조성해 줘야 합니다. 한 사람 본연의 모습을 인정하고, 그 성향이나 개성이 잘 발현되게 하고 강점을 극대화할 수 있도록 돕는 것도 리더십의 하나입니다.

나의 기호, 성향, 생각의 틀 안에 누군가 안 맞는 것을 억지로 끼워보려고 한 건 아닌지 생각해 볼 필요가 있습니다. 당신의 팀원은 당신의 팀 안에서 얼마나 본인의 모습대로 살고 있을까요?

"편하게 말해."

"허심탄회하게 말해." 라는 말을 한 것만으로 충분하다고 자기 합리화하고 있는 것은 아닌지? 말뿐이 아닌 정작 그렇게 될 수 있는 환경을 세팅하려고 노력하고 있는지? 한번 생각해 볼 문제인 것 같습니다.

칭찬에도 기술이 필요합니다

칭찬 : 좋은 점이나 착하고 훌륭한 일을 높이 평가함. 또는 그런 말.

칭찬이라는 단어는 듣기만 해도 그 자체로 긍정의 에너지가 발산 됩니다. 비금전적인 보상과 동기부여의 파트에 속할 수 있는 이 칭찬도 하는 사람이 어떤 생각과 기술을 갖고 있느냐에 따라 그 효과는 크게 달라집니다.

특히 조직 내에서 칭찬을 할 수 있는 상황이 있다는 것은 받는 개인에게 좋은 일이고, 그만큼 좋은 결과를 만들어 냈기 때문에 조직에도 긍정적인 가치를 기여한 것을 의미합니다.

하지만 이 좋은 기회를 리더분들이 제대로 활용하지 못하는 경우를 종종 보게 됩니다. 아래는 리더가 알아야 할 칭찬의 기술에 관련한 내용입니다.

What 무엇에 대해 칭찬할 수 있을까요?

1) 성과나 결과물
2) 결과를 만들어 내는 중간의 과정 (생각, 태도, 노력)
3) 타고난 성향, 강점

좋은 결과를 만들어 내고, 좋은 태도를 지녔다는 것은 그 사람이 노력을 통해 만들어 냈거나 원래 가진 좋은 역량이 기반이 되었기 때문일 것입니다. 칭찬을 통해 그 강점은 더 단단해지고, 더 책임감을 느끼게 할 수 있고, 더 동기부여를 일으키게 할 수 있습니다. 무엇을 바탕으로 칭찬할 수 있을까요?

관찰(눈) & 청취(귀)

내가 직접 관찰한 내용은 객관적인 결과+팀장으로서 나의 주관을 결합하면 좋습니다. 다른 사람에게 들었던 내용을 토대로 칭찬할 때는 팀장 본인도 그 부분에 대해서 공감한다.라는 표현을 해 주면 좋습니다.

하지만 반대로 누군가의 얘기를 듣고 개선 영역의 피드백을 줘야 하는 상황이면 매우 신중하게 접근해야 합니다. 내가 직접 목격한 것이 아니기 때문입니다. 누군가에게 들었던 피드백은 정확한 사실 확인이 필요하기 때문입니다.

When? 언제 칭찬하는 것이 좋을까요?

가능한 공개적인 팀 미팅 자리에서 칭찬하는 것이 좋습니다. 칭찬을 받는 사람에겐 여러 명 앞에서 인정받았다.라는 것에 대한 또 다른 성취감을 줄 수 있기 때문입니다.

하지만 여러 명 앞에서 누군가를 칭찬할 때 한 가지 중요하게 더 생각해야 하는 것은 칭찬받는 이 외의 사람입니다. 서로의 성과를 칭찬해 주고 축하하는 문화를 만드는 것 vs 특정 사람을 편애하는 것으로 비치는 것. 이 두 가지는 사실 한 끗 차이이기 때문입니다.

1) 칭찬받을만한 사람을 동기 부여해 주는 것

2) 이 외 사람에게는 건강한 경쟁의식과 자극을 주는 것

3) 서로를 칭찬하고, 축하할 수 있는 팀 문화를 만들어

가는 것

칭찬도 이런 목적과 방향성을 갖고 준비하고 하는 것이 좋습니다.

How? 어떻게 칭찬하는 것이 좋을까요?

어떤 부분에 대한 칭찬 인지, 어떤 성과가 있었는지 구체적으로 공유해 주는 게 좋습니다. 하이라이트 하는 내용인지 구체적으로 언급해 주는 것이 좋습니다. 그리고 분명히 팀원이 어떤 성과를 냈을 때 누군가의 서포트가 있었을 것입니다.

도움을 준 사람을 다시 칭찬해 주고, 개인의 성과/팀의 성과도 계속 이뤄내자! 라는 메시지로 마무리하는 것이 좋습니다. 이런 작은 칭찬의 문화가 쌓여서 그 팀의 문화가 자리 잡을 수 있습니다.

계획과 전략이 필요합니다

커뮤니케이션의 영역에서 중요한 것은 결국 형태로서의 언어, 그리고 내용으로서의 메시지입니다. 누군가를 칭찬하는 것도, 개선의 피드백을 주는 것도 결국은 모두 말입니다.

칭찬은 커뮤니케이션 과정에 있어서 상대방에게 줄 수 있는 선물입니다. 내 마음의 진심을 담아내되, 이 칭찬이라는 것을 조금은 계획적으로, 전략적으로 활용하면 좋겠습니다

들은 얘기로 다시 피드백을 줘야 할 때

평가 결과 통보와 피드백 전달 대화

Fiscal Year(회기 연도)가 1월~12월인 회사는 보통 2~3월에 전년도의 평가 결과와 그해에 적용될 연봉이 결정됩니다. 그리고 결과는 일반적으로 팀장과 팀원의 1 on 1 대화를 통해 전달됩니다. 팀장은 팀원에게 평가 결과와 그리고 3가지 정도를 종합하여 보통 피드백을 전달합니다.

1) 업무 KIP 결과의 피드백

2) 평가권자인 매니저로서의 피드백

3) 동료, 팀원으로부터 받은 Comment & 피드백

피드백을 주는 사람의 어려움

'How to give feedback'(피드백을 주는 방법)을 구글에서 검색해 보면 수만 개의 페이지를 찾아볼 수 있듯이 피드백을 어떻게 주느냐? 하는 것은 팀장의 역량, 리더십을 평가하는 하나의 잣대가 되고 있습니다.

예전에는 평가 결과를 팀원도 통보로 받아들였고, 평가권자의 권한에 이의를 제기하지 않았던 게 일반적이라면 요즘은 "Why?" "근거는요?"를 묻기 시작하는 사람들이 점점 더 많아지고 있습니다.

그래서 팀장도 1 on 1의 대화를 앞두고 긴장 하기도 하고, 어떤 얘기를 해야 할지 많이 준비해야 하는 상황입니다. 그래서 많은 기준을 갖고 나는 당신을 평가했다는 것

을 뒷받침하기 위해서 다른 사람에게 당신에게 들은 피드
백이 이렇다더라. 라고 말을 꺼내는 시점에서 문제가 발
생하기도 합니다.

긍정적인 피드백은 쉽고, 부정적인 피드백은 어렵다

긍정적인 피드백은 그것이 구체적이든 추상적이든 구
체적이든 대부분 다 듣기 좋습니다. 하지만 부정적인 피
드백은 그 말 한마디 어감에 따라 받아들이는 사람이 더
심각하게 받아들일 수 있기 때문에 더 조심하게 다뤄져야
합니다.

차라리 공식적인 360 평가가 있어서 그 리포트가 있는
회사에 재직하고 있는 분들은 싫어도 내가 그 결과를 받
아들일 수 있지만 팀원이 듣지 못한 팀원에 관한 피드백
을 팀장인 내가 종합하여 전달할 때는 많은 주의가 필요
합니다.

이럴 때 팀장은 다른 사람이 "이렇게 말했다더라" "이

렇다더라"라는 식으로 다른 사람의 말을 빌려서 하는 경우가 많습니다. 이런 말 보다는 본인이 해당 부분에서 본인의 관점으로 생각한 내용을 중심으로 하되, "다른 동료들이 이렇게 보는 의견이 있다." 정도로만 해도 충분하고, 아래와 같은 흐름으로 말하는 것이 좋습니다.

1) 내가 판단할 때 이런 면에선 개선이 필요한 것 같아요.

2) 다른 동료들도 이런 부분에서 피드백을 제공했어요.

3) 이 부분에 대해서 어떻게 생각해요?

부정적인 피드백은 듣는 상대방이 받아들일 수 있는가? 가 가장 중요합니다. 부정적인 피드백을 전달하는 이유는 그것이 개선되는 것을 위한 목적이어야지, 상대방의 감정을 상하게 하는 목적이 되어서는 안 되기 때문입니다.

갑작스러움이 아닌 계속해 왔던 대화의 연장선이 되어야 한다

"당신은 이런 점이 부족해요."

"이런 부정적인 피드백이 들려요."

1년 동안에는 없던 대화 내용이 갑자기 하루 날 잡고 이야기하는 방식이나 흐름으로 흘러가서는 안 됩니다. 정기적인 1 on 1을 통해서 알려 주고, 어떻게 생각하는지 질문해 보고, 개선의 시간과 기회도 주고, 지켜보는 과정이 미리 됐었어야 합니다.

'내가 들었는데요.' '다른 사람이 그러던데요'와 같은 얘기를 꺼낼 때는 정말 신중하게 접근하셔야 합니다. 팀장은 팀원에 대한 피드백을 전달해야 하고, 뭔가를 꼭 줘야 한다는 압박감을 버리시는 게 좋습니다. 그동안 일관되게 주었던 피드백을 다시 한번 종합해서 줘야 하는 자리여야 함을 생각하시면 좋겠습니다.

묵묵한 사람들
'꼭 회사가 알아줘야 하는 사람들'

Personal Branding (퍼스널 브랜딩)의 시대. show off (과시)의 시대.본인의 커리어는 본인이 개발해 나가야 하고, 본인의 PR도 본인이 해야 하는 시대입니다. 나의 존재감을 보여주고, 셀링하고, 포지셔닝하는 것도 하나의 중요한 역량인 시대입니다. 경쟁 사회에서 본인을 포장하고 잘 드러내는 것이 물론 중요하지만 업무의 특성상, 성향상 분명히 이게 불리한 사람은 있습니다. 특히 오퍼레이션, 서포팅의 속성의 업무를 하는 분들은 정말 그러하다는 생각이 듭니다.

많은 시간과 노력을 투입해서 나올 수 있는 아웃풋의 결과가 절차를 정상화하고, 프로세스를 원화에 만드는 업무는 잘해야 본전이고, 뭔가 구멍이 나면 엄청난 컴플레인을 받는 업무이기도 합니다. 웹 3.0 시대를 준비하는 지금 시대에서 눈에 보이는 성과를 바로 낼 수 있고, 전망이 좋은 직무와 기존의 전통적인 직무 간의 구직자 선호도 차이도 점점 벌어지고 있습니다.

새롭게 생겨나는 직무와 새로운 비즈니스에서 창출되는 새 포지션이 중요한 만큼 이를 지원해 줄 수 있는 포지션 역시 중요합니다. 거창한 변화와 새로운 기회를 창출하기 위해서 이를 뒷받침해 줄 수 있는 업무는 여전히 중요할 것입니다.

특히 팀장분들은 이분들의 노력과 성과가 잘 드러나고, 커리어가 개발될 수 있도록 지원해 주는 것이 중요한 역할입니다. 소수가 핀 조명으로 하이라이트 받기까지 그 결과와 순간을 위해서 많은 사람의 노력이 있었다는 것을 우리는 꼭 기억해야 합니다.

사람 보는 눈을 과신하지 말 것

찰나로 사람 판단하기

2010년쯤 HR팀의 막내로써 신입 사원 공채 준비를 서포트할 때 한 분께서 해 주신 말씀입니다. 수많은 인터뷰를 보고 나니까 면접장에 들어오는 모습만 봐도 괜찮은 사람인지, 아닌 사람인지 판단할 수 있다는 것이었습니다.

그 당시에 놀라기도 했고, 나도 HR을 오래 하면 그 경지에 다다를 수 있을까 궁금했었는데 10여 년이 지난 지금 아직 저는 그 역량과는 멀어 보입니다. 그동안 수백 명을 인터뷰했고, 2개월 동안에 온종일 인터뷰만 봐서 같은 날에 120명을 입사시킨 적도 있지만 저는 아직 그 레벨에 도달하지 못한 것 같습니다.

우월감, 가장 경계해야 할 것

인터뷰에서 면접관으로서 참여할 때 가장 조심해야 할 것은 우월감을 갖는 것입니다. 내가 후보자보다 우위에 서 있고, 후보자에게 정답을 들으려는 생각보다는 후보자의 답변을 통해서 직무 분야 지식, 역량, 태도 등이 지원한 Role을 잘 수행할 수 있느냐? 이 부분에 초점을 맞춰야 합니다.

면접관의 태도 매너, 갑질 논란 등과 같이 회사의 대외 평판에 문제를 일으키는 많은 부분을 차지하는 것이 인터뷰에서 면접관의 태도입니다. 인터뷰의 시작부터 답장 너의 자세로는 회사, 해당 포지션에 맞는 사람을 선택하기 어렵습니다.

　일단 인터뷰는 끝나고 후보자를 판단하시길 추천해 드립니다. 사람을 많이 봐서 잘 본다는 오만한 생각을 절대적으로 버려야 합니다.

마이크로매니징이 도움이 되시던가요?

마이크로매니징 : Control every part, however small. 세밀한 것까지 일일이 간섭한다.

마이크로매니징의 좋고 나쁨을 떠나서, 이것을 받아들이는 팀원 세대의 인식이 많이 바뀌었습니다.

이전에는 보고서 문구 하나하나를 첨삭하고, 글자 줄간격. 폰트 등의 수정 피드백을 주면서 디테일, 아주 사소한 부분까지 모두 팀장에게 컨펌받는 분위기도 있었습니다.

제안을 반려하고, 승인을 어렵게 만들고, 팀원이 쩔쩔매며 긴장하는 모습을 통해 카리스마 있는 리더로 보이고 훈장 시 되는 시기도 있었지만, 요즈음은 이런 상황이 계속되면 버티지 못하는 팀원이 많을 것입니다.

팀장에게 중요한 덕목 중에선 말과 피드백을 줄이고, 인내심을 갖는 것도 있습니다. 좋은 말도 여러 번 하면 잔소리로 받아들여지듯이 내 팀원의 성장을 나의 디테일한 피드백에 의해서만 이뤄지도록 세팅하면 그 관계는 오래 지속되기 어렵습니다.

자율, 책임, 권한 등

요즘 직원분들이 가장 중요시하는 가치 중엔 자율성, 책임, 권한 등이 있을 것입니다. 그중 자율을 준다는 것의 의미는 방임하는 것이 아니라 내 팀원에게 명확한 방향성을 제시하는 것, 스스로 고민할 수 있는 물리적인 시간과 마음의 여유를 주는 것, 그리고 과정과 결과에 대해 매니저로서의 인사이트 있는 피드백을 제공하는 것이 포함된 의미가 아닐까 생각합니다.

매니저와 팀원의 이상적인 관계는 매니저의 노력뿐 아니라 팀원의 능동성, 태도, 마인드가 함께 조화를 이뤄야 합니다. 그리고 결국엔 둘 사이의 신뢰 관계의 문제로 귀결됩니다. 개인적으로 많은 것이 변화한 시대 속에서 예전 방식의 마이크로매니징이 통할 수 있다는 것에 회의적인 입장이긴 합니다.

팀을 다양한 색깔로 채워야 합니다 (ft.예스맨)

팀장이 되면 채용 결정 권한을 갖기 때문에 조직 내. 외부에서 본인이 원하는 유형의 사람으로 채울 기회도 얻습니다. 그리고 리더의 입장에서 한 가지 경계해야 할 것은 팀을 내 지시를 잘 따를만한 사람으로만 채우는 것입니다.

1) 고분고분하다.
2) 순응한다.

3) 잘 따른다.

4) No를 못 한다.

5) 토를 달지 않는다.

누군가가 이끌면, 누군가는 서포트하고, 누군가가 계획하면, 누군가는 실행하고, 누군가는 분석하면, 누군가는 정리합니다. 팀에는 한 가지의 유형이 아닌 서로 다른 역할을 해 줄 사람이 필요합니다.

다양한 성격, 개성, 스타일의 사람들로 구성되어야 결국에 시너지가 날 수 있습니다. 이것이 진정한 Diversity & Inclusion (다양성과 포용)이고, 궁극적으로 Team Dynamics (팀 다양성)를 이루는 것입니다.

본인의 지시를 잘 따를만한 사람들로만 팀을 구성하는 것이 익숙했다가, 언젠가는 선택권이 없어서 본인이 선호하지 않는 팀원이나 팀을 이끌어야 하는 상황이 오게 됩니다.

그리고 이런 환경에서 많은 어려움을 겪을 수밖에 없습

니다. 팀원을 채울 때는 개인 1명에만 집중하는 것이 아닌 개인이 팀 안에서 할 역할도 함께 고려되어야 합니다. 업무도 챌린지를 거치면서 성장하듯이, 리더십의 역량도 결국엔 나와 다른 생각을 하는 사람, 설득하고 납득시키기 어려운 사람을 이끌고 가는 챌린지를 겪으면서 성장합니다.

충격 요법은 최소한으로

지켜야 할 선을 정하는 것

회사 생활을 하다 보면 누구에게나 화가 나는 순간이 찾아옵니다. 특히 사람을 관리하는 팀장분들은 상사, 업무상 이해관계가 있는 타 부서의 팀장, 팀원 등 여러 관계 속에서 서로 다른 역할을 해야 하므로 스트레스 레벨이 높고, 그래서 상대적으로 팀원에게는 편하게 감정을 드러냅니다.

그리고 다양한 감정 안에 당연히 '화'를 내는 것도 당연히 있는 일입니다. 이렇게 '화'라는 감정을 드러내는 것 자체는 지켜야 할 선이 넘었을 때 가끔 꺼내는 카드가 돼야지 무턱대고 남발해서는 안 됩니다.

팀을 리드 하는 경우에 본인이 중요시하는 선을 미리 정하고, 팀원에게 인지시키고, 그것을 지키지 않는 것이 잘못으로 여겨지게끔 미리 알려 줄 필요가 있습니다.

여러분의 주변을 떠 올려보면 매사에, 사사건건 감정을 잘 드러내면서 일희일비하는 리더들이 있으실 겁니다. 사실 회사에서 싸움닭, 다혈질, 감정 기복이 심한 사람으로 인식되는 분들은 감정 컨트롤에 약한 분들이 많고 그동안 했던 본인의 말, 행동의 결과물입니다.

화를 내기 전 필요한 것

화를 내고, 질책하고, 혹독한 피드백을 줘야 하는 상황이 분명히 있지만 가급적 즉각적인 대응이 아닌 잠시 생각할 시간을 가져야 합니다. 그래야 하지 말아야 할 말, 행동을 방지할 수 있습니다.

직장 내 괴롭힘, 컴플라이언스 (사내 규정) 위반 등의 많은 케이스가 잠시 pause(멈춤)의 과정을 거치지 않아서 일어납니다. 만약 본인이 감정 컨트롤이 잘 안되는 리더라고 생각한다면 방법을 주변에서 찾아보면 좋겠습니다. 평상시엔 온화한 분위기로 팀을 잘 이끌지만 때로는 카리스마가 있는 다른 리더의 찾아보고, 그분의 행동을 잘 살펴보면 분명 다른 점과 노하우가 있을 것입니다.

팀장의 자리에 있으면서 타인에게 지켜야 할 선이 명확히 있는 사람, 일관성을 가진 사람, 예측할 수 있는 사람으로 포지셔닝하는 것이 굉장히 중요합니다.

Z세대가 많은 회사에서 꼭 알아야 할 것

편견을 가질 수 있기 때문에 사람을 특정화, 그룹화, 정의 내리는 것을 좋아하진 않지만 분명 Z세대(1990년 중반~2000년 초반 태어난 세대)는 기존의 직원분들과는 분명 다른 점이 있는 것 같습니다.

그리고 회사에서는 함께 일할 팀원으로서, 마켓에서는 소비 트렌드를 주도하는 소비자로서, 궁극적으로는 한국을 이끌어갈 주축이 될 세대이기 때문에 들을 이해하려는 노력 자체가 큰 의미가 있다고 생각합니다.

초개인화

개인 상황과 필요에 맞게 개별적인 맞춤 혜택을 제공하는 것. 개인의 취향과 라이프스타일을 중시하는 현. Z세대의 가치관을 대표하는 여러 키워드가 있지만 저는 '초개인화'라는 것에 집중하고 싶습니다.

조직의 규모가 커질수록 효율성이라는 명목하에 집단주의에 익숙한 우리에게 개인 한 명 한 명의 취향이나, 선택권은 존중받기 어려워집니다. 살면서 나의 선택권이 존중되어 왔고, Customized(개별화된) 것에 의미를 두고 살아온 세대에게는 회사 생활은 이전의 환경과는 분명히 gap이 클 것이고, 나 자신을 온전히 보여주고, 개인 한 명으로서 존중받기가 어렵다는 것을 느낄 수 있을 것입니다.

자율성, 책임, 취향, 선택권

팀장 입장에서는 팀원들이 회사 내 본인의 업무를 성실히 수행하고, 팀플레이를 한다는 전제하에 아래 2가지는 꼭 유념하시면 좋겠습니다.

1) 팀원에게 업무에 있어 가능한 자율성, 권한, 책임을 부여한다.
2) 팀원에게 개인의 취향을 존중하고, 선택권을 준다.

기존의 사람, 세대를 바라보는 방식과 사고에서 탈피해야 Z세대분들을 회사에서 계속 떠나보내는 일이 줄어들 것입니다. 누군가에게 맞추는 일은 원래 어려운 일이고, 그 맞춰가는 과정을 번거롭다고 생략하면 안 됩니다.

회사 환경, 조직 문화가 사회 변화의 속도를 완전히 좇아가기는 어려워도, 방향성만이라도 따라가려는 노력은 해야 합니다.

듣는 것과 경청의 차이

내가 말하는 사람보다 특정 분야에 대해서 잘 모를 때 타인의 얘기를 듣는 것은 어렵지 않습니다. 하지만 상대방보다 내가 지식, 경험 등이 많다고 생각할 때 타인의 말을 들을 때는 인내심이 필요합니다.

커뮤니케이션과 관계를 설명할 때 빠지지 않는 단어가 바로 '경청'일 것입니다.

팀을 이끄는 팀장 자리에 올라가게 되면 전보다 팀원과 대화 시 말하는 것〉듣는 것의 비중이 많이 높아집니다.

이렇듯 말의 비중이 높아지는 자리를 맡았을 때 항상 이런 생각을 경계해야 합니다.

'내가 이전에 당신보다 더 많은 경험을 해서 더 많이 안다.'

듣는 순간에 이미 말할 것을 생각하고, 말이 끝나자마자 답은 정해져 있으니 바로 대답을 하기 전에 해야 할 일은 일단 들을 때는 듣는 것에만 온전히 집중하는 것입니다.

말이 끝나고 나서 잠시 생각할 pause(정지)의 시간이 필요합니다. 팀장이라고 그 자리에서 빠른 정답을 내려야 한다는 압박감에서 일단은 벗어나야 합니다. 듣는 것과 경청은 분명히 다릅니다.

경청 : 상대의 말을 듣기만 하는 것이 아니라, 상대방이 전달하고자 하는 말의 내용은 물론이며, 그 내면에 깔린 동기나 정서에 귀를 기울여 듣고 이해된 바를 상대방에게 피드백하여 주는 것

쿨하지 않고서 절대 할 수 없는
내 후계자를 키우는 것

회사 조직을 유지하고, 발전시키는 데 중요한 것 중의 하나는 인재 풀을 강화하는 것입니다. 이는 특히 임원, 리더와 같은 중요한 한 위치에 공백이 생길 것을 우려해 그 자리를 대체할 누군가를 찾는 과정이고, 가장 이상적인 것은 내부 직원의 승진이나 이동으로 이 자리가 채워지는 것입니다. 바람직한 직원의 경력개발, 동기부여 방식이라고 생각합니다.

하지만 회사의 규모가 크지만 이런 너무나 중요한 과정

이 개별적으로 신중하게 이뤄지기보단 하나의 업무와 같이 형식화되기도 합니다.

누가 의사 결정에 참여할 것인가?

Successor(후계자)를 고려할 때 가장 중요한 것은 의사 결정에 누구를 참여시킬까 하는 것입니다. 중요한 포지션의 사람을 결정하는 것은 너무나 중요한 일이기 때문에 매니저, 팀 리더, 동료, 타팀의 리더, 임원 그룹, 대표 이사 등 다양한 시각에서의 피드백이 수렴되어 결정되어야 하는 일입니다.

가장 문제가 되는 방식은 현재 그 자리를 맡은 사람에게 많은 결정 권한을 주는 것입니다. Successor를 정하는 일의 시작점부터 우리는 이 과정의 의문을 가질 필요가 있습니다.

'내 자리를 대체할 사람을 내가 결정한다?'

이 과정에서 많은 문제가 발생합니다. 비밀 유지가 깨지기도 하고, 파워게임, 사내 정치, 갈등이 생기게 됩니다.

어떻게 결정해야 할까?

사람은 누구나 본인의 자리를 안전하게 지키고 싶어 하고, 내외부에서 본인의 영향력을 발휘하고 싶어 합니다. 그리고 그 자리를 위협하는 일이 생기면 당연히 방어적인 태도를 취할 수밖에 없습니다.

본인의 후임자를 정하는 결정에서 개인의 감정을 배제하고 정말 조직을 위해서 적합한 사람을 선택하거나 아니면 그런 사람을 미리 점 찍어 성장시키는 것은 어려운 일입니다.

이것은 좋다. 나쁘다고 판단할 일이 아니라 어찌 보면 당연한 일입니다. 그렇다면 어떤 과정을 통해서 회사 내의 탤런트 벤치 풀을 강화하고, 인력의 공백을 최소화할 수 있는 구조로 만들 수 있을까요? 그것이 회사를 이끄는 리더가 HR 파트너와 함께 할 일입니다.

결정에 있어서 이해관계가 있는 사람은 배제하고, 팀원, 동료, 매니저, 타팀, 고객 등 이런 360도의 다양한 시각에서 한 사람을 바라보고, 그 사람의 자격 요건, 역량을 정말 면밀히 검증해야 합니다. 단순히 차상위 매니저나 연공 서열로 당연하게 후계자가 결정되어서는 안 됩니다.

누군가 말 한마디에 따라 중요한 인사의 의사 결정이 이뤄져서는 안 됩니다. 현 자리의 사람에게 후계자를 정해서 제출하세요! 본인의 후계자가 누군가요? 와 같은 우둔한 질문은 안 하는 것이 좋습니다. 그건 조직의 최고 자리에 있는 리더가 다각도로 피드백을 수렴해서 해야 할 일입니다.이건 조직 구성원 모두에게 큰 영향을 미치는 정말 너무나 중요한 일입니다.

말 이쁘게 하는 기술

같은 말을 하더라도 상대방이 듣기 기분 좋게 하는 사람이 있고, 들었을 때 기분이 상하게끔 하는 사람도 있습니다. 그게 말하는 사람의 의도와 상관없이 사실 그보다 중요한 것은 듣는 사람의 반응일 것입니다.

말이라는 것은 생각, 마음이 합해져서 나오는 결과물이라고 생각하지만, 의도와 다르게 전달이 되는 분들에게 조금이나마 조언이 되었으면 하는 마음에서 글을 써봅니다.

1) 내가 하는 말을 텍스트로 옮겨 보고 읽어 보기

대화에서는 제스처, 표정, 톤 앤드 매너, 눈빛 등 여러 가지 요소가 복합되어 전달되지만 말 자체가 상대의 기분을 상하게 하거나 무슨 의도인지 모르는 경우가 있습니다. 오히려 글로 전환해서 읽어 보면 내가 생각지 못한 부분이 보입니다.

특히 정말 중요하거나 serious 한 대화를 하기 전에는 내가 할 말을 적어 보는 것도 도움이 됩니다. 글로써 읽었을 때 뉘앙스의 오해가 있을 만한 것은 말로써 했을 때도 마찬가지입니다.

2) 내 표정은 괜찮은지?

자기 얼굴이 자신의 살아온 인생이다.라는 말이 있는 것처럼 타고난 외모가 아닌 표정, 인상은 자신을 나타내는 하나의 단면입니다.

분명 짜증과 화가 많은 사람이나, 비웃음을 많이 짓는 사람의 얼굴 근육은 미간 주름이 심하거나 얼굴의 비대칭이 있는 경우가 많습니다. 이 표정이 오랫동안 지속되어 특정 얼굴 근육이 발달한 것을 봅니다. 특히 상대방에게 "화났어?" 라는 말을 자주 듣는 사람의 경우에는 내 표정이 어떤지 거울을 보고 한번 살펴봐야 합니다.

3) 말투

같은 내용을 말하더라도 톡 쏘아붙이는 말투와 온화한 말투를 쓰는 경우에 상대방이 느끼는 감정은 완전히 다릅니다. 메시지의 중요성만 너무 생각한 나머지 그것을 전달하는 방식인 톤앤매너가 적절한지는 생각해 볼 필요가 있습니다.

직원들과 면담을 하면 업무적인 스트레스보다 팀장의 이런 말투 때문에 상처받고, 힘들어하는 경우가 많습니다. 친구나 동료 관계에서는 기분이 상했다. 라고 얘기를 꺼낼 수 있지만 나보다 상급자에게 이러한 피드백을 주는 것은 매우 어려운 일입니다.

하지만 이 말투는 Technical 한 연습으로 충분히 커버되는 영역입니다. 커뮤니케이션을 정말 잘하는 사람이라고 생각한 유재석 씨를 보고 발견한 점입니다.

1. 상대방을 기다릴 줄 안다
2. 밝은 표정
3. 활발한 리액션
4. 서두르거나 재촉하지 않는다

상황에 따라 말의 톤은 달리 가져야 하는 상황이 있지만 우리가 일상에서 하는 대화 속에서 말을 이쁘게, 그리고 상대방이 기분 좋게 하는 것만으로도 많은 것을 얻을 수 있습니다.

인기 있는 팀장이 되는 것보다 중요한 것

예전 제 커리어 초창기에 알게 된 한 팀장님이 계셨습니다. 굉장히 인격적으로 훌륭하고, 일을 잘 하는 분이셨습니다. 하지만 한 가지 아쉬운 점은 누군가에게 아쉬운 소리를 잘하지 못하셨던 것입니다.

일을 하다 보면 다른 팀과 업무의 책임 소재가 명확하지 않은 Gray Area(애매한 영역)가 분명 발생하는데 팀의 리더끼리 조율이나 논의를 해야 하는 경우가 생깁니다.

실무자들끼리 조율을 찾기 어려운 경우엔 결국 팀장에

게 도움을 요청하기도 했는데 그때마다 '직접 잘 조율해 보세요'라는 말로 개입하거나 어떤 도움을 주시지 않았습니다.

그분의 정확한 의중을 파악하는 것은 어렵지만 이런 일이 반복되다 보면 도움을 요청하고, 보고하는 것이 어려워지기도 합니다. 그동안의 여러 경험을 통해 말을 해도 도움을 못 받을 거라는 예상이 앞서기 때문입니다.

다른 팀과 일을 할 때 서로의 이해관계가 상충하는 경우가 생기기 때문에 조율하는 과정에서 협의가 안 되는 부분이 생기도 하고, 긴장감도 발생하고, 때로는 언쟁이 필요한데, 이것은 자연스러운 현상입니다.

팀원들도 나의 매니저가 실무자에게 책임과 권한을 부여하려는 의도인지 아니면 오히려 개입하고 싶어 하지 않은 것인지의 차이 정도는 직감적으로 느낄 수 있습니다.

팀원이 팀장을 respect(존경)하고 따르게 되는 것은 멋진 말이나, 이벤트, 회식 등이 아닌 업무에 있어서 심리적 안정감을 제공하는지가 더 중요합니다. 누군가가 나를 보

호해 주고, 어떤 일이 생겼을 때 나를 지지해 주는 사람이
란 것을 깨닫는 순간 나와 상대방과의 관계도 단단해질
수 있습니다.

리더의 입장에서 너무 좋은 사람으로 보이는 것, 인기
있는 팀장이 되는 것보다 중요한 것이 있습니다. 팀원이
어려운 일이 있을 때 문제 해결을 돕고, 상황에 따라 팀원
을 보호해 주고, 다른 팀과의 조율이 필요할 때 나서 주는
것. 그리고 필요하다면 싸울 땐 싸워야 합니다. 저는 이것
이 팀장의 역할에서 더 우선순위가 되어야 한다고 생각합
니다.

선한 영향력을 미친다는 것의 의미

"선한 영향력을 펼치고 싶습니다."

HR 포지션을 채용하는 인터뷰에 들어가면 후보자에게서 자주 듣는 말이고, 저 또한 식상하지만 자주 하는 말이기도 합니다.

영향력과 직접적으로 관련 있는 포지션을 꼽으라면 팀장일 것입니다. 팀의 매니저 역할을 한다는 것은 그 크기와 관계없이 누군가에게 긍정적/부정적 영향력을 미친다는 것을 의미합니다.

팀장이 되면 먼저 해야 할 생각 중의 하나가 '나는 누군가에게 영향력을 줄 수 있는 사람이다.'라는 것을 인지하는 것입니다. 그리고 나서 해야 할 생각은 그렇다면 '나는 어떤 영향력을 줄 수 있을까?'의 단계적 생각이 필요합니다.

영향력만 미치는 사람이 되기보다는 그 앞에 선한, 긍정적인 이라는 단어와 결합하면 상대방과의 관계가 더 풍요로워질 수 있고, 본인의 리더십도 발전하게 되고, 결국에 이런 영향력이 본인에게도 긍정적으로 돌아온다고 생각합니다.

나의 영향력으로 누군가가 배우고, 그것을 바탕으로 그 사람이 성장하는 모습을 보는 것. 값으로 따질 수 없는 이런 가치를 줄 수 있다는 것만으로도 정말 의미 있는 삶이라고 생각합니다.

팀장 역할을 하시는 분은 스스로 나는 어떤 영향력을 팀원에게 주고 있는지? 한 번쯤은 생각해 보는 시간을 가지면 좋겠습니다.

멋진 한 마디는 준비에서 나옵니다

리더가 되면 여러 상황, 장소에서 스피치의 기회가 있을 겁니다. 말을 잘하는 자체만으로도 사람의 가치가 높아지고, 타인과 차별화가 되고, 영향력을 미치는 데 큰 도움이 됩니다.

미팅 진행, 칭찬, 회식, 공지 발표 등 소규모 자리나 큰 자리에서 메시지를 간결하고도 Impact 있게 전달하는 것은 팀장으로서 가져야 하는 중요한 역량 중의 하나일 것입니다. 오죽하면 회식 건배사라는 거창한 교육 프로그램도 있을 정도입니다.

이 스피치의 내용과 형식은 상황에 따라 유연하게 달라져야 합니다. 상황에 따라 다르게 준비해야 합니다. 칭찬, 공감, 동기부여, 아이스브레이킹 등의 여러 상황을 마주할 것입니다. 이 시작점부터 가장 먼저 생각해야 할 것은 '이 상황에 맞는 말은 무엇일까? 어떤 키 메시지를 전달해야 할까?'입니다.

정말 말을 잘하는 사람은 준비의 시간을 거치지 않더라도 즉석에서 순발력과 애드립으로도 충분히 원하는 메시지를 전달할 수 있겠지만 대부분의 사람은 쉽지 않을 것입니다. 그래서 스피치를 할 때 상황별 전달하려는 중요 키워드 1개는 미리 생각해 놓는 것이 중요합니다. 그리고 거기에 살을 붙인다고 생각하면 좋습니다.

스피치도 재능의 영역이겠지만 준비하면 말 잘한다. 라는 얘기를 듣는 수준까지는 충분히 올라갈 수 있습니다. 준비와 시간과 노력이 모든 것을 cover 합니다. 말보다는 진심이 더 중요하지만, 그 진심이 온전하게 상대방에게

닿으려면 메시지를 전달하는 역량이 중요하다고 생각합
니다.

　말은 누군가의 감정을 움직일 수 있는 도구이기 때문입
니다. 팀장은 팀원을 잘 관리하는 일을 하는 사람이지만
그것을 가능하게끔 하기 위해 적절한 말을 적절한 상황에
서 잘한다는 것도 포함되어 있습니다.

갑작스러운 퇴사는 없습니다

아무리 대퇴사의 시대가 되었다고 하지만 직장인에게 퇴사는 큰 모험이자 중대한 삶의 결정 중 하나입니다. 때로는 충동적인 결정으로 보일 수 있지만 사실 퇴사라는 것은 한 개인의 입장에서 보면 수백 번의 고민 끝에 결정하는 일일 것입니다.

HR 업무를 하다 보니 직원의 퇴사가 결정되면 직원과 팀장을 각각 따로 퇴사 관련한 대화를 나눕니다. 1 on 1 미팅을 통해서 얘기를 듣는데 최대한 중립적으로 들으려고 노력합니다. 하지만 퇴사를 결정하는 것은 직원 본인이기 때문에 직원의 진짜 퇴사 이유에 대해서 좀 더 집중하는 편입니다.

팀장으로부터 팀원이 퇴사한다는 얘기를 전달받을 때 아래와 같은 얘기를 가끔 듣습니다.

"별문제 없었는데 갑자기 퇴사한다고 해서 멘붕입니다."

"갑자기 퇴사한다고 해서 너무 놀랐습니다."

사실 한 개인에게 중대한 결정인 퇴사가 갑자기, 충동적으로 결정하는 경우는 거의 없습니다. 수십 번 아니 수백 번, 그리고 오랜 기간의 고민을 거쳐서 결정한 것이고, 성격의 차이가 있겠지만 이런 고민이 밖으로 표출되는 사람도 있고, 아니면 꼭꼭 숨겨둔 사람도 있을 것입니다.

팀장으로서 중요한 것은 이런 것을 파악하려는 노력입니다. 내 팀원이 어떤 것 때문에 힘들어하고, 어떤 것이 불만이고, 어떤 부분을 내가 현실적으로 해결해 줄 수 있는지를 파악해야 합니다. 팀원이 직접 매니저에게 말하는 경우가 있지만, 그런 경우가 아니면 말, 이메일, 표정, 여러 가지 요소로 그 사람의 감정과 현재 조직의 몰입도를 확인 해야 합니다. 퇴사한다고 하는 분들에겐 이전의 여러 상황에서 그 징조나 신호가 분명히 있었을 것입니다.

팀장이 되면 레이더를 다방면으로 켜 놓을 필요가 있습니다. 이제 됐다. 라고 잠시 사람을 방치하면 안 되고, 항상 귀 기울여야 합니다. 왜 떠나는가? 팀원이 계속 떠난다는 것, 이것이 계속 반복된다는 것이 어떤 의미일지 곰곰이 생각해 볼 필요가 있습니다.

애써 업무량, 경력개발, 연봉, 회사의 네임밸류 등의 다른 이유로 외부에 포장하는 것도 한계가 있을 것입니다. 1~2명이 아닌 여러 차례 그리고 일정 시간이 반복되어 이런 일이 반복되면 문제의 원인을 어디에서 찾아볼 수 있을까요? 받아들이기 싫겠지만 냉정하게 스스로 돌아보는 연습이 필요합니다.

팀원의 퇴사 이유를 정확히 인지하지 못한 채 또다시 하던 대로 반복하고, 새로운 사람을 찾으면 되지. 라는 생각으로만 한다면 결국 한계에 부딪히는 상황은 올 수밖에 없습니다. 이 과정이 안되면 더 좋은 리더로 성장하는 분명 한계가 있을 것입니다.

리더의 외로움 탈피
'나와 비슷한 사람 찾기'

높은 자리에 올라가고, 영향력이 생기는 리더의 자리에 갈수록 조직 내외부에 인적 네트워크의 양은 많아집니다. 하지만 지인이 많아지고, 받은 명함이 쌓인다고 해서 꼭 관계의 질이 올라가고, 삶이 풍요로워지는 것을 의미하지는 않습니다.

리더의 자리에 있는 분들이 외롭다고들 많이 합니다. 특히 팀장과 팀원과 관계가 되면 많은 것이 달라집니다. 내가 인사에 대한 결정권을 갖고 있는데 그 대상이 되는 사람과 막역하게 허심탄회한 대화를 하며 지내는 것은 쉽지 않습니다.

그래서 이 필연적인 관계에서 오는 어려움을 해결하고자, 더 긴밀한 관계를 만들려고 하는 분들도 있지만 팀원과 너무 두터운 관계를 만들기 위한 노력보다는 어느 정도의 선만 지키면서 본인이 편한 관계를 찾는 것도 하나의 방법이 됩니다.

외로움에서 벗어날 수 있는 가장 좋은 방법의 하나는 나와 비슷한 처지에 있는 사람으로부터 위안받고, 동질감을 느끼는 것입니다. 대화나 관계 형성을 꼭 문제 해결의 관점에서 보는 것이 아닌 공감, 동질감 느끼는 것 자체에 의미를 두는 것입니다.

무언가 뾰족한 해답이 나오지 않더라도 공감하고, 말하고 들어줄 사람이 있다는 것만으로도 큰 힘이 될 것입니다. 서로의 이야기를 공유하면서 위로받고, 힘든 일이 잊히기도 하고, 상처가 치유되기도 합니다. 내 주위 그런 사람이 많으면 좋겠지만 내 상황을 완전히 알고, 이해해 주고, 공감해 주고, 들어줄 단 1명이면 충분하다고 생각합니다. 높은 리더의 자리에 갈수록 친구가 더 필요합니다. 리더도, 사장도, 대표도 결국엔 한 명의 인간이기 때문입니다.

쉽게 결론만 내리지 않아도
많은 갈등이 없어집니다

팀장과 팀원과의 관계 중 어려운 상황 중의 하나는 팀원이 업무 보고를 하고, 팀장이 그에 대한 피드백을 전달되는 순간입니다. 그리고 서로에 대한 입장의 차이가 생기는 것은 이미 정답이 정해져 있는 것을 전제로 이뤄지는 대화 일 것입니다.

"그렇게 하면 되잖아요?"

"이렇게 했어야죠."

"그건 아니죠."

경력 연차가 쌓이고, 누군가를 관리하는 자리에 있을수록 팀원에게 빠른 피드백과 결정을 해 줘야 하는 압박을 받을 수 있습니다. 하지만 결과적으로 내용과 배경을 완전히 파악하지 못하고, 즉석에서 내리는 판단, 결정 그리고 그것을 전달하는 말에 따라서 좋지 않은 의사결정이 될 때가 많습니다.

쉽게 결론 내리지 않는 것

Quick solution (빠른 결정)부터 내리고 시작하지 않는 것팀장분들의 경우 팀원의 업무에 피드백을 줄 때 지금보다 조금만 더 인내심을 가지면 좋겠습니다.

잠깐 멈추고 생각할 시간을 갖는 것, 그리고 즉석에서 결론을 내려야 한다는 생각에서만 탈피하더라도 많은 팀장과 팀원 사이의 많은 갈등은 피할 수 있다고 생각합니다.

"휴가 때 뭐 하려고요?"
같은 질문을 하는 것

　보통 회사에서 연차 휴가를 신청할 때 신청 사유를 의무적으로 시스템에 기재해야 하는 경우가 있습니다. '개인 사유'라고 적는 경우가 일반적이지만 승인권자의 성향에 따라 디테일한 이유를 꼭 적어야 하는 경우를 보기도 합니다.

　"휴가 때 뭐 하려고 그래요?"

　"어디 가려고요?"

　팀장은 별 의도 없이 묻는 호기심 어린 질문일 수 있지만 그것을 듣는 사람의 입장에선 다르게 받아들일 수도 있습니다. 이런 유형의 질문은 최대한 조심스럽게 하거나 가능한 팀원이 먼저 얘기를 꺼내기 전에는 묻지 않는 것이 좋습니다. 이런 질문의 의도나 방향이 잘못 전달되면 직원으로서 당연히 누려야 할 권리조차도 눈치 보는 상황이 행여나 생길 수 있기 때문입니다. 연차 휴가는 근로자가 근로기준법하에서 가진 당연히 누려야 할 권리입니다.

특히 상대방이 개인 생활을 오픈하는 것을 원치 않는 것 같이 보일 때 계속 묻는 것에 대해 조심해야 합니다. 내가 그 결정을 하는데 꼭 알고 승인해야 하는 경우가 아니라면 안 묻는 것이 나을 때가 더 많습니다.

그래서 꼭 질문을 통해서 파악하기보다는 여러 대화를 통해서 상대방을 파악하려는 센스를 키워야 합니다. 앞으로의 사회는 개인의 일과 생활은 앞으로 더 분리되는 방향으로 갈 것이고, 그리고 이 영역이 침범되는 과정에서 많은 갈등과 문제가 발생할 것입니다.

리더를 하기 힘든 사회지요? 이렇게까지 해야 하나? 생각이 들기도 하지요? 그런 생각이 드는 것이 당연합니다. 하지만 시대, 사회가 변하고, 다른 생각과 가치관을 따르고 있는 세대가 들어온다면 그에 맞춰 적응하는 노력은 선택이 아닌 필수라고 생각합니다.

이제는 My Way만 외친다고 될 일은 아닌 것 같습니다.

처음에 다 아는 척만 안 해도
실패의 확률은 줄어듭니다

　이번 편은 외부에서 새롭게 영입된 팀장이나 리더분들을 위한 조언의 글입니다. 팀장의 자리로 입사했다는 것은 회사로부터 높은 기대치가 있다는 동시에 많은 권한을 받은 것을 의미합니다.

　따라서 경력직으로 입사한 팀장의 경우에 가장 먼저 갖게 되는 생각 중 하나는 조직의 기대에 부응하기 위해 뭔가를 빠르게 보여줘야겠다는 '압박감'입니다.

　이 압박감의 생각에 더해서 새로운 회사와 사람들을 본

인의 과거 경험, 관점을 통해서 바라보기 때문에 기존의 사람들과 충돌이 일어나는 경우를 많이 목격합니다.

"여긴 왜 이렇게 해요?"

"이게 문제네요."

"이렇게 하면 안 되죠."

"이건 아닌 것 같아요."

한 발짝 뒤에서 천천히 바라보기

조직에서 지금의 업무 과정, 프로세스가 자리 잡힌 데는 그 나름의 이유가 있습니다. 외부인의 시각에서 이해하기 어려운 부분도 있겠지만 나름 그렇게 할 수밖에 없었다.라는 것을 받아들이고, 이해하려는 자세가 필요합니다.

조급함 때문에, 뭔가를 빨리 보여줘야겠다는 생각 때문에 기존의 시스템이나 관행들을 부정하고, 비판하고, 이른 시간 안에 바꿔야겠다.라는 생각부터 일단은 잠시 내

려놓고 시작하는 것이 좋습니다.

Fresh한 관점을 갖고 아이디어를 제시하는 것과 비판하는 것은 큰 차이가 있습니다. 일단은 완전히 파악할 때까지는 듣고, 보는 것에 집중하고, 어느 정도 시점이 된 시간부터 본인의 색깔을 드러내어도 늦지 않습니다.

말이 아닌 결과와 실력으로 보여줄 것

과거의 경험과 커리어는 현재, 그리고 미래의 역할을 잘 해내는데 기반이 되는 중요한 요소이지만 새 회사에 입사하고 나서는 너무 과거의 경험에 갇혀 있으면 안 됩니다.

가끔 대화하면 오랜 커리어를 가진 분 중 이런 생각이 느껴지는 분들이 있습니다.

"내가 다 해 봐서 아는데요."

"이전에 다 해 봤어요."

"업무는 어디 가나 똑같죠."

그런데 중요한 것은 전혀 똑같지 않습니다. 시간이 지났고, 안에 있는 구성원이 다르고, 시장이 다르고, 제품이 다르고, 고객이 다릅니다. 본인이 안 해보고 귀동냥으로 들은 것을 마치 다 아는 양 아는 척하는 것보다는 완전히 파악할 때까지는 겸손한 자세로 접근해야 합니다.

완전히 체득된 역량의 레벨이 아니면 실력은 금방 수면 위에 드러납니다. 팀장만 팀원을 평가하는 것이 아니라 팀원도 팀장을 평가하고 있습니다. 그리고 회사의 많은 눈이 새로 온 리더를 조용히 지켜보고 있다는 것을 알고 있어야 합니다.

부디 겸손해야 합니다. 비판이나 피드백을 주는 것은 누구나 쉽게 할 수 있는 일이고, 어려운 일이 아닙니다. 말보다는 실력으로 증명해야 합니다.

세상 어려운 일
'공을 다른 사람에게 넘기는 것'

정말 똑똑한 사람은 본인이 가장 큰 공을 세운 사람임에도 불구하고, 다른 사람의 공으로 넘깁니다.

이런 경우와 반대로 본인의 공이나 지분이 작음에도 본인이 한 것으로 포장하는 사람도 있습니다. 그리고 중요한 것은 이런 말이나 행동들은 결국엔 해당 업무에 개입된 많은 사람에게 알려지게 되고, 이분들의 분노를 사기도 합니다.

팀원이 팀장을 완전히 따르고 신뢰하게 되는 순간은 팀장이 나의 성장을 응원하고, 내가 다른 사람으로부터 인정받고, 좋은 결과가 있기를 진심으로 바라고 있다는 것을 느꼈을 때라고 생각합니다.

퍼스널 브랜딩이 중요한 시대에서 성과를 show off(과시) 하는 것은 매우 중요하지만, 그 show off라는 것이 지난 과정, 노력이 결과물로써 온전하게 인정받으려는 스킬로 활용돼야지, 그게 안 되었는데 말로써 포장을 잘하는 역량으로 변질하여서는 안 된다고 생각합니다.

존경은 타이틀, 명판, 방의 유무로 나오는 것이 아닙니다

한국 회사 생활에서의 성공을 나타내는 징표로 생각하는 것 중 하나가 직급, 명판, 명함, 방, 회사 차 제공 등 일반 직원이 못 받는 특별한 혜택을 받는 것도 있을 것입니다.

하지만 예전과 다르게 성공과 출세를 나타냈던 직급, 호칭 등이 없어지거나 임원만 사용할 수 있었던 방도 점차 없어지고 있는 것이 추세입니다. 이전에 사원~사장의 호칭을 모두 없애고, '님'으로 통합하는 프로젝트의 TFT 멤버가 된 적이 있습니다.

당연히 이해가 됐지만 이런 변화를 가장 싫어한 분들은 부장 이상의 호칭을 가진 분들이었습니다. 십수 년 이상의 노력을 해서 그 자리에 어렵게 올라갔는데 이제 갓 들어온 신입 사원과 동일하게 '님'으로 불리는 것이 그분들에게는 공정하게 느껴지지 않을 수 있기 때문입니다.

이러한 외형적인 요소가 출세, 성공을 의미했다고 한다면 이제는 더 한 사람 한 사람의 역량 자체로 평가받는 시대가 되고 있습니다. 나보다 높은 타이틀이 있는 사람을 무조건 복종하고, 따르는 예전의 문화가 없어지고, 진짜 저분이 저 위치에 있을 만한 사람인가? 라는 생각을 팀원들도 하고 있습니다.

오히려 압도적인 실력과 훌륭한 인품, 리더십을 가진 분들이야말로 더 드러나는 것 같습니다. 성공과 출세에서의 외형이나 거창한 타이틀도 물론 중요하지만, 이것을 목표로 삼기보다는 역량과 내실을 키우는 데 더 집중하는 것이 롱런할 수 있는 길이라고 생각합니다.

외형적인 요소에 너무 가치를 두는 생활을 한다면 그 타이틀이 없어지는 순간 그것이 껍데기에 불과했다는 것을 깨닫는 날이 올 수도 있다고 생각합니다.

제4장
팀원과의 상황별 대화법

팀원과의 상황별 대화법을
익히는 것이 왜 중요한가?

회사에서 일을 하거나 타인과 관계를 형성하며 살아간 다는 것은 예측하지 못한 상황, 다양성을 마주하는 것을 뜻합니다. 바꿔 말하면 좋은 관계를 위해선 다양한 상황, 환경에 대한 경험이 필요하다는 것이고, 이 다양성을 마주하기 전에 무엇이 필요한지를 인지하는 것이 중요하다고 생각합니다.

1. 다양한 대화의 상황

팀장이 되면 팀원을 채용하는 면접, 1 대 1 대화, 팀 미팅, 회식, 워크숍, 칭찬, 질책, 동기부여, 퇴사 면담 등 다양한 상황을 만나게 됩니다.

상황과 관계없이 일관성을 갖고, 사람을 대하고, 팀을 Lead 하는 것은 중요하지만 반대로 상황에 따른 유연성을 갖추는 것 또한 중요합니다. 대화를 리드하는 입장에서 분명한 목적성을 갖는 것이 필요합니다. 목적성을 갖는다는 그것은 대화하기 전 어떤 얘기를 할지를 미리 생각한다는 것이고, 준비하는 것을 의미합니다.

때로는 분명히 목적성이 있는 대화를 해야 하지 않아도 될 말을 하거나, 중요한 내용을 생략하게 되는 것을 피할 수 있기 때문입니다.

2. 다양한 감정의 상황

다양한 상황, 다양한 팀원과 대화하면서 여러 가지 감정을 느낄 것입니다. 풍부한 감정을 느끼고, 공감한다는 것이 감성적인 영역에 치우치라는 말이 아닙니다.

이성적인 사고를 하되 상대방이 느낄 수 있는 감정에 대해서 헤아리고, 나 또한 그 감정을 이해하려고 노력하는 것이 중요합니다. 때로는 공감, 때로는 질책, 때로는 듣기만, 때로는 팩트만 전달하는 상황이 있을 것입니다.

적합한 상황에 적합한 말을 하는 것은 상대방이 느낄 수 있는 감정을 공감한 후에 할 수 있는 일입니다.

다양한 상황, 다양한 감정에 유연성을 갖추는 것이 모든 것의 시작입니다.

상시 피드백을 제공할 때

1. 긍정적인 시각으로 시작

피드백을 준다는 것은 꼭 Development Area (개선 영역)을 의미하는 것은 아닙니다만 팀원을 매니징하는 입장에서 업무상 의견을 준다는 것은 수정하거나 보완해야 하는 상황일 때가 많습니다.

그래서 피드백을 준다는 것 자체가 서로 불편한 상황이 될 때가 많습니다. 그렇기 때문에 피드백을 주는 경우에 가능한 긍정적인 것부터 언급하는 것이 좋습니다.

예를 들어 업무에 대한 피드백을 팀원에게 줄 때 "이 부분은 좋은데 여기엔 이런 내용을 좀 더 보완하면 좋을 것 같아요." 식으로 시작하는 것이 좋습니다.

2. 업무를 하면서 challenge(어려운 점)가 무엇이었는지 질문

피드백을 주기 전에 그 상황을 제대로 먼저 파악하려는 것이 중요합니다. 결과와 아웃풋으로 평가받는 게 프로페셔널 영역에선 당연한 일이지만 그 과정 또한 중요하게 볼 필요가 있습니다.

분명 실무자 입장에서는 분명 팀장이 모르는 challenge나 어려움이 있었을 수 있습니다. 물론 팀장이 이런 것을 다 들어줄 수는 없지만 그래도 나의 어려움에 대해서 공감해 주고 있다고 하는 생각을 느끼게 하는 것이 중요합니다.

3. Development Area (개선 영역)에 대한 피드백

이때의 톤 앤드 매너는 상황에 따라 유연하게 해야 합니다. 처음 개선의 피드백을 얘기할 때는 부드럽게, 계속되는 코칭에도 변화가 없는 경우에는 좀 더 센 톤으로 말할 필요도 분명히 있습니다.

4. 추후 미팅은 꼭 셋업

피드백 내용에 대해서 다음 상황에서 다시 리뷰할 수 있는 미팅을 셋업 해야 합니다. 피드백을 줄 때 그 자리에서만 끝나고 없어지는 1회성의 대화가 아닌 계속적인 모멘텀을 가져갈 수 있도록 하는 것이 중요합니다.

1대1 미팅

1. 비밀 유지

공식적인 성과 평가 결과 통보, 연봉 조정 등의 중요한 대화에서 가장 중요한 것은 Confidentiality (비밀)을 지키는 것입니다.

대화를 듣는 상대방이 특히 안전하고, 보호받는 느낌을 주는 것이 중요하고, 이 대화의 내용이 절대 밖으로 새어 나가지 않게 시간적, 물리적으로 셋업 하는 것이 중요합니다. 그리고 팀장, 팀원 모두 그 대화가 끝난 후의 비밀 유지 하는 것도 반드시 지켜야 하는 부분입니다.

2. 챌린지가 무엇이었는지 질문

1 on 1 대화에서는 과거의 업무, 행동에 대한 내용이 나올 수밖에 없습니다. 그리고 실무자 입장에서 그 과정, 그리고 현재의 결과를 낸 데는 분명히 나름의 이유가 있었을 것입니다.

팀장의 시각에서 팀원의 업무 스타일, 과정, 그리고 그 결과물에 아쉬움이 느껴질 수 있는 상황도 있겠지만 실무자의 입장에선 팀장이 다 알 수 없는 나름의 고충이 분명히 있기 때문에 이에 대한 대화를 꼭 가져야 합니다.

3. 내가 관찰한 것 위주로 피드백

1 on 1 대화에서 경계할 것 중의 하나가 내가 직접 듣거

나 보지 못한 것에 대해서 피드백 주는 것입니다.

"남이 이렇다더라." "남이 이렇다던데."와 같이 타인에게 들은 내용을 말하는 것은 특히 조심해야 합니다. 그것이 팩트인지도 확실하지 않을뿐더러 팀원이 자신에 관한 내용을 타인들이 하는 것에 대해 불쾌감을 느낄 수 있기 때문입니다.

따라서 내가 직접 보고, 읽고, 관찰한 내용을 갖고, 그 상황을 예시로 꺼내면서 얘기해야 팀원도 본인을 돌아볼 수 있는 계기가 됩니다.

4. 나의 어떤 support가 필요한지?

팀장이 팀원에게 피드백을 주는 것으로만 끝나면 팀원은 이 1 on 1 미팅을 부담스럽게 느껴지게 됩니다. 그래서 미팅이 끝나기 전에 팀장인 나의 입장에서 내가 어떤 것을 도와주면 될지를 꼭 물어보셨으면 좋겠습니다.

1 on 1 미팅의 목적도 결국엔 팀원이 맡은 업무를 잘 수

행하고, 회사에 공헌하고, 개인의 성장을 이루기 위해서 하는 것입니다. 그래서 대화의 마지막 마무리는 내 어떤 서포트가 필요한지, 그리고 그 들은 것을 바탕으로 실질적으로 도움을 줄 수 있는 노력을 시작해야 합니다.

새 업무 또는 프로젝트 부여

1. 시작 배경 & 원하는 결과를 명확히 전달하기

회사에서 주어진 메인 업무 이외에 임시로 배정되는 프로젝트성의 업무는 누구에게나 전달될 수 있습니다. 하지만 이 프로젝트성 업무를 받는 사람 입장에선 동기부여가 되는지, 거부감을 느끼게 되는지는 순전히 전달하는 사람의 역량에 달려 있습니다.

그래서 이 프로젝트가 어떻게 시작되었고, 왜 해야 하는지를 잘 전달하는 것이 가장 중요합니다. 그리고 일단

부여하기 전에 팀장인 내가 제일 잘 알아야 합니다.

나도 위로부터 전달받은 것뿐이고 자세한 내용은 잘 모른다는 식으로 업무를 전달만 하면 안 됩니다. 팀장이 잘 모르면 먼저 자세한 내용을 여러 채널을 통해 먼저 파악하고, 그 후 팀원에게 커뮤니케이션해야 합니다.

2. 자신감 부여

TFT의 멤버나 프로젝트를 리드한 사람에 선정된 이유는 분명히 있을 것입니다. 회사에선 일을 못 해낼 거 같은 사람에겐 프로젝트 성 업무를 보통 주지 않기 때문입니다. 맡은 사람이 잘 해낼 믿음이 있기 때문에 맡게 되었을 것입니다.

따라서 과한 압박감으로 불안해할 수 있는 팀원에게 자신감을 부여하는 것은 매우 중요합니다. 그리고 이 과정에서 어려운 점이 생길 때는 조언을 할 수 있는 사람이나 서프트를 해 줄 수 있는 사람을 팀장이 지정해 주는 것이 좋습니다.?

3. 중간 점검할 수 있는 미팅 셋업하기

프로젝트 업무는 처음에 거창히 시작하더라도 한 명이
모든 책임을 주는 구조로 변할 수도 있습니다. 따라서 프
로젝트 중간에 정기적인 progress (진행 상황)을 점검하는
미팅은 꼭 셋업 해야 합니다. 정해진 타임라인이 되어서
결과물을 확인하려고만 했다면 애초의 기대나 방향과 완
전히 어긋나게 흘러갈 수도 있기 때문입니다. 매니저로서
중간중간 체크해 주고, 피드백 주고, 서포트 해 주는 것이
필요합니다.

팀 내 공지사항 전달

팀원들에게 게 중요한 내용을 공지하는 방법에는 크게 1) 이메일 2) 팀 미팅이 있을 것입니다.

모두가 알아야 하는 중요한 공지 (입사, 퇴사, 승진, 조직 개편 등)의 내용은 팀이 전체 팀원이 모인 상황에서 직접 얼굴 보면서 공유하고, 이 내용을 정리해서 이메일로 공유하는 것이 가장 좋습니다.

팀 미팅 안에서의 공지할 때 중요하게 생각해야 할 4가지 포인트 입니다.

1. 공지의 내용만 임팩트 있게 전달할 것

팀 내 공지는 중요한 사항 전달이기 때문에 가능한 팀 미팅에서는 그 내용만 전달하는 것이 좋습니다. 여러 가지 주제가 섞이게 되면 시간에 쫓겨 커뮤니케이션이 진행될 수 있고, 다른 내용에 묻히게 되어 중요성이나 의미가 퇴색될 수 있기 때문입니다.

따라서 중요 소식을 공유할 때는 그 내용을 전달하는 미팅으로만 셋업 하고, 다른 내용은 별도의 미팅에서 커버하는 것이 좋습니다.

2. 공지의 배경과 이유를 설명할 것

팀장의 입장에서 본인이 공지와 관련한 의사결정에 개입이 안 되고, 전달만 받은 경우도 분명히 있을 것입니다. 하지만 그 결정의 이유에 대해서 받아들이고, 그 결정의 배경과 이유를 팀원에게 잘 납득시키고 이해시키는 과정 또한 팀장이 해야 할 일입니다.

가장 최악은 '위에서 결정한 내용이다.' '나도 전달 들었다.' 식으로 말하면서 책임을 전가하는 행동입니다. 이것은 본인의 리더십과 권위를 스스로 떨어트리는 일입니다.

3. 대상이 될 1명에 집중할 것

중요한 소식의 대상이 될 사람이 느끼는 감정이 가장 중요합니다.

예를 들어 팀원 1명에게 있는 좋은 뉴스 (수상, 승진) 등의 내용은 그 사람을 최대한 recognition (인정) 해 줄 수 있는 분위기로 조성해 줘야 합니다.

좋은 소식이 있을 때 기꺼이 축하받을 수 있는 팀 내 분위기가 되는 것이 중요합니다. 그래야 다른 팀원도 더 동기 부여될 수 있기 때문입니다.

4. 전체 팀원도 고려할 것

위 3번의 내용과는 다르게 칭찬의 상황이면 주인공이 필요하지만, 나머지 사람들이 소외되지 않게 하는 것 또한 중요합니다. 너무 한 명만 특정 소수만 주목받도록 하게 되면 그 안에서 팀원의 사기, 동기부여가 저하될 수 있고, 좋지 않은 경쟁의 방향으로 흘러갈 수 있습니다.

따라서 팀 전체를 이끄는 팀장의 입장에서 이 공지가 다른 팀원에게 어떤 impact를 미칠까? 을 다시 한번 생각하고, 말을 꺼내셔야 합니다. 미팅을 마무리할 때는 모두에게 긍정적인 감정을 줄 수 있는 멘트로 마무리하는 것이 좋습니다.

퇴사 면담

1. 공감

또 공감팀장의 입장에서 퇴사를 결심한 팀원에게 1 on 1 면담 자리에서 하지 말아야 할 말이 있습니다.

"내가 당신에게 어떻게 해 줬는데 그럴 수가 있어요?"

"지금 이 상황에서 퇴사한다니 너무한 거 아니에요?"

"너무 짧게 회사를 옮기면 안 좋아요."

그리고 화를 낸다든지 부정적인 감정을 내비치는 것도 프로페셔널하지 못한 모습입니다. 그 결정을 하기까지 팀원의 고민, 감정, 행동 등을 잘 생각해 봐야 합니다.

일단 그 퇴사의 결정이 본인이 이해가 되지 않더라도 일단은 잘 듣고 공감해야 합니다. 그래야 그다음의 대화가 이어질 수 있습니다.

그리고 지금까지도 눈치채지 못하고, 몰랐다면 이제는 마지막 기회이니 이 시점부터는 팀원의 말 한마디 한마디를 경청하고, 곱씹고, 돌아보는 시간을 가져야 합니다.

2. 진짜 퇴사 이유

파악팀원도 빨리 퇴사를 하고 싶고, 긁어 부스럼 만들고 싶지 않은 생각에 마음속의 얘기를 꺼내지 않고, 표면적인 이유 (경력 개발, 연봉 인상, 새로운 기회) 등이라고 말할 가능성이 높습니다.

하지만 잘 생각해 보면 그 가치와 기회가 현 회사에서, 현 위치에서 충족이 되지 않았음을 의미합니다. 그리고 정말 그것이 주요한 원인인지 다른 이유가 있는지를 파악하려고 노력해야 합니다.

상대방의 마음을 열고, 솔직함을 끌어내는 데는 경청과 공감을 통해서만 가능합니다. 지금껏 그런 관계와 대화가 이뤄지지 않았다고 하더라도 마지막 기회라고 생각하여 다른 자세를 견지해야 합니다.

팀장의 입장에서는 사직서를 승인해 주는 승인권자의 자세가 아닌 겸손한 자세로 물어야 합니다.

3. 잔류할 수 있는 가능성 확인

팀원에 따라 아쉽지만, 퇴사의 결정을 받아들여야 하는 분도 있을 것이고, 회사나 팀을 고려했을 때 꼭 잡아야 할 분도 있을 것입니다.

따라서 후자의 케이스에 해당하는 경우에는 퇴사 이유라고 말한 부분이 만약 해결된다면 계속 재직할 수 있는지의 가능성에 대해서 한 번 체크 해 볼 필요가 있습니다.

팀원에게 퇴사의 이유라고 말한 것이 해결 되었을 경우

에 다시 한번 재고의 여지가 있는지 질문해야 합니다. 대신 중요한 것은 본인이 지킬 수 없는 얘기를 이 자리에서 commitment (약속) 해선 절대 안 되고, 가능한 방법을 찾아보겠다는 식으로의 말을 해야 합니다.

4. 다음 미팅 셋업

만약 팀원이 퇴사에 대해서 고민하는 상황이고, 퇴사의 직접적인 원인이 시간을 갖고 해결할 수 있는 문제라면 마지막으로 한번 더 미팅을 세트업 하여 대화 나누는 것이 좋습니다.

하지만 퇴사의 대상이 되는 사람이 여기저기 불려 다니고, 특히나 술자리와 같은 모임을 하면서 얘기하는 것은 지양해야 합니다. 퇴사의 면담은 가능한 최대 2회가 넘지 않게 impact 있게 이뤄져야 합니다. 그리고 이런 대화는 비밀이 유지되면서 오피셜한 세팅을 한 상태에서 이뤄져야 합니다.

제5장
팀 퍼실리테이션 기법

지금까지 팀장 스스로 던져야 할 질문, 가져야 할 마인드 등에 대해서 살펴봤습니다. 이번 마지막 장에서는 팀장의 입장에서 미팅 및 워크숍 등의 자리에서 빛이 날 수 있는 기술적인 면에 대해서 다뤄보겠습니다.

필요한 마인드

퍼실리테이션 : 그룹의 구성원들이 효과적인 기법과 절차에 따라 적극적으로 참여하고, 상호 작용을 촉진하여 목적을 달성하도록 돕는 활동.

퍼실리테이터 : 집단 구성원들이 상호작용하는 모습을 관찰하고, 그들의 대화를 경청하며, 집단 구성원들이 서로 협력하고 능동적으로 최고의 해결책을 찾을 수 있도록 격려하고 돕는 사람.

리더가 되면 여러 상황, 여러 형태와 tool을 활용해 팀의 미팅을 이끌어야 하는 상황이 옵니다. 퍼실리테이션이라고 하는 것은 팀 미팅, 워크숍, 회식 등을 디자인하고, 공지하고, 끝나고 나서 wrap up 하는 모든 단계를 모두 포함합니다.

퍼실리테이션을 잘하기 위해서 필요한 스킬을 배우는 것도 중요하지만 그전에 마인드 세트업이 전제되어야 합니다.

3가지 알아야 할 마인드

1. 변화가 있는 타이밍에 하세요

변화의 시작 전에 변화가 있고 난 후 직후의 타이밍에 하는 것이 가장 좋습니다. 그리고 타이밍을 잡기가 어렵다면 가능한 빠른 시간에 하는 것이 도움이 됩니다.

2. 이벤트는 한계가 있습니다

이벤트는 변화를 촉진하는 수단으로 활용되어야지 그 자체만으로 모든 것이 변화될 수 있다.라는 생각은 버려야 합니다.

3. 구성원이 원하는 것을 반영하세요

팀의 리더가 이끄는 것이 맞지만 팀원이 원하지 않는 방향, 형태, 시간, 내용이면 그 효과성이 크게 떨어집니다.

시작 전에 어떤 것을 원하는지 팀원의 보이스를 반영해서 하시면 좋겠습니다.

필요한 역량

퍼실리테이션을 잘하고, 미팅을 잘 이끄는 사람은 세션의 전환이 인위적으로 구분된 것이 아닌 자연스럽게 흐름을 이어가는 사람이라고 생각합니다.

그렇게 되기 위해 필요한 4가지 역량에 대해서 생각해 보았습니다.

1. 스토리텔링

짧은 2시간의 프로그램이던, One Day 프로그램이던 하나의 스토리로 구성한다고 생각해 보면 좋습니다.

그래서 목차를 구성할 때, 항상 기승전결, 자연스럽게 이어질 수 있도록 흐름을 짜는 연습을 해야 합니다.2. 전달력: 내용도 중요하지만, 말이나 자료를 통해 그 내용을 전달하는 형식도 매우 중요합니다. 참가자들이 이해하기 쉬운 언어, 명확한 발음, 듣기 좋은 속도 등도 함께 고려되어야 합니다.

내가 전달하고자 하는 내용이 상대방이 잘 따라오고, 흡수하고 있는지 지속해서 살펴야 합니다.

2. 전달력

내용도 중요하지만 말이나 자료를 통해 그 내용을 전달하는 형식도 매우 중요합니다. 참가자들이 이해하기 쉬운 언어, 명확한 발음, 듣기 좋은 속도 등고 함께 고려가 되어야 합니다. 내가 전달하고자 하는 내용이 상대방이 잘 따라오고, 흡수하고 있는지 지속적으로 살펴야 합니다

3. 순발력

퍼실리테이션이 이뤄지는 환경은 보통 진행자와 참석자가 양방향으로 소통하는 경우입니다. 따라서 일방적으로 전달하는 학습 방식이 아닌 참석자에게 계속 질문을 던지고, 아이디어를 내게 하고, 쓰게 하는 과정이 이뤄집니다.

이 과정에서 확인한 생각이나, 의견에 대한 피드백을 현장에서 실시간으로 제공해야 하므로 순발력이 중요합니다. 이 순발력은 많은 경험을 통해서 쌓을 수 있고, 한 가지 좋은 방법은 상황을 미리 그려 보고 예상하는 이미지 트레이닝을 통해 발전시킬 수 있습니다.

4. 정리 능력

세션 중에 나왔던 내용을 정리하는 능력이 있어야 합니

다. 잘 기억해야 하고, 중간중간에 메모하거나 쉬는 시간에 정리해 두는 습관. 그리고 결과물이 있는 이젤 패드나 포스트잇은 마무리가 된 후에 꼭 사진을 찍어서 추후 정리하는 작업을 거쳐야 합니다.

이 정리되는 과정을 recap(정리)의 형태로 참석자에게 제공하는 것이 좋습니다. 이 과정에서 팀원 중 누구 한 명을 지정해서 하는 것보다는 퍼실리테이터가 스스로 하는 것이 좋습니다. 이 과정까지가 퍼실리테이션이기 때문입니다.

시간의 누적과 경험치가 절대적이다

사설 기관에서 만든 고가의 퍼실리테이터 과정을 수료하는 것보다 더 효과적인 것은 본인이 프로그램을 구성해 보고, 실제 적용해 보고, 끝나고 피드백을 받는 단계까지의 한 사이클을 돌리는 것입니다.

퍼실리테이션 영역은 이론보다는 무조건 실전입니다.

그리고 이 경험 속에서 일어나는 시행착오를 줄이기 위해선 그를 위한 준비의 시간이 필요합니다.

시간과 경험의 누적이 좋은 퍼실리테이터가 되기 위한 필요 조건이 맞고, 여기에 필요한 역량을 전략적으로 준비한다면 훨씬 더 이른 시간 안에 높은 수준까지 도달할 수 있습니다.

준비가 모든 것을 상쇄합니다.

퍼실리테이션의 영역은 시간의 누적과 경험치가 절대적입니다.

아이스브레이킹

세션의 목적에 따라 다르겠지만 많은 경우 참석자의 적극적인 참여를 유도하는 것이 필요할 때가 많습니다. 그리고 이를 위해선 퍼실리테이터가 참석자가 자유로운 의견을 낼 수 있는 분위기를 조성하는 것이 중요합니다.

따라서 처음 세션을 시작하고, 본격적인 내용을 다루기 전에 사람의 경계를 풀고, 예열의 시간이 갖는 것이 좋습니다. 우리는 이 시간을 일반적으로 '아이스브레이킹'이라고 합니다.

1. 가능한 앞쪽에 배치하자

참석자도 앞으로 진행될 시간에 대해 기대를 하게 될지 소극적인 태도로 일관할지 어느 정도 판단합니다.

따라서 참석자들이 집중할 수 있게 오프닝에 많은 준비를 하는 것은 중요하고, 지루한 세션이 되지 않기 위해서 아이스브레이킹을 활용하는 것이 좋습니다.

세션의 목적, Ground Rule (그라운드 룰) 등을 설명할 때 간단한 퀴즈, 워밍업, 간단한 팀 빌딩 등으로 시작하는 것이 좋습니다.

2. Lesson (배움)이 있어야 한다

전달하고자 하는 메시지를 재미있는 형태로 제공하는 것이 목적이 되어야지 웃기기만 하고, 즐거움만 주는 시간이 아님을 명심해야 합니다.

재미있고, 유머러스한 분위기 안에서 참석자에게 분명한 메시지나 Lesson을 전달하는 방향이 좋습니다.

이 아이스브레이킹을 왜 해요? 라는 질문에 그냥요.라는 답이 아닌 어떤 특정한 Lesson을 유도하기 위함으로 디자인되어야 합니다.

3. 누군가의 감정을 상하게 해서는 안 된다

특정한 한 사람에게 우스꽝스러운 행동을 연출시킨다는지, 한 명의 망가짐으로 인해 웃음을 주는 것과 같은 분명히 해선 안 될 행동입니다.

때로는 퍼실리테이터가 우호적인 반응을 보이는 사람을 계속 끌어내거나 희화화 하는 경우도 있는데 분명히 지양해야 할 행동입니다. 그분도 중요한 세션에 참석하고 있는 중요한 사람임을 잊어서는 안 됩니다.

이 아이스브레이킹의 영역은 경험이 없는 사람에게는

굉장히 어려운 과제처럼 느껴질 수 있습니다. 그것이 성향이나 성격의 이유가 있을 수도 있고, 많은 경우는 이런 경험이 없었기 때문에 막연한 두려움을 갖는 경우가 많습니다. 리더로서 퍼실리테이터로의 역할을 하고, 그중 이 아이스브레이킹이 필요한 순간은 찾아 옵니다.

저도 예전에 갖고 있었던 무대 공포증을 극복하기 위해 대학생 때 아르바이트로 돌잔치 MC의 일도 하고, 레크리에이션 강사 자격증도 취득해서 다양한 행사 진행도 했었습니다.

약점을 강점의 영역으로까지 올리기는 쉽지 않지만 필요한 일정 수준까지 도달해야 할 때가 분명히 있습니다. 그리고 아이스 브레이킹을 할 수 있는 역량은 경험하다 보면 충분히 어느 정도 수준까지 올라올 수 있는 영역입니다.

팀 미팅 진행

퍼실리테이션 기법은 이벤트성으로 진행하는 세션에서만 필요하다고 생각하지만 주간 또는 월간 단위의 정기 팀 미팅에서 활용하면 더 효과적입니다.

1. 기승전결의 흐름이 있어야 한다.

정해진 팀 미팅 안에서도 하나의 프로그램이라고 생각하여 agenda를 구성하는 것이 좋습니다.

그리고 그것은 아이스브레이킹 → 주요 Agenda 논의 → 필요한 액션 확인 → Wrap Up(마무리)이 일반적입니다.

미팅을 위한 준비에 너무 많은 시간을 쏟는 것은 미팅 자체의 주체를 어렵게 만드는 요소이기 때문에 참석자들에게 너무 많은 부담을 주는 것은 바람직하지 않습니다. 대신에 그 시간에 논의해야 할 주제는 명확하게 하는 것은 중요합니다.

2. 미팅의 목적과 결과물을 명확히 한다.

미팅은 2인 이상의 사람이 모여 특정 주제에 대해 논의하고, 공유하고, 의사 결정을 위한 자리입니다.

1시간의 미팅을 한다고 하면 단순히 1시간의 의미가 아닌 1시간 x 사람 수, 그리고 그를 위한 준비, Follow Up까지 하면 큰 시간의 투자입니다. 따라서 주최자가 미팅을 어떻게 시작하고, 어떻게 이끄느냐에 따라 미팅의 소기의 목적 달성 여부가 결정 됩니다.

다뤄야 할 내용이 세팅되었다고 하면 이 미팅의 목적과 이 미팅이 끝난 후의 결과물은 퍼실리테이터가 계속 리마인드 해야 합니다.

대신 이런 과정이 너무 인위적으로 그리고 한 명에게 많은 부담을 주는 형식을 갖추는 것은 좋지 않습니다. 그러면 미팅을 위한 미팅, 미팅을 위한 준비에 너무 많은 시간을 쏟을 수밖에 없기 때문입니다.

3. 한 사람만 말하게 하지 말라

바람직하지 않은 미팅의 분위기는 말하는 사람의 비중이 한 사람에게 지나치게 쏠려 있는 것입니다. 많은 경우에는 의사 결정권자, 미팅을 주최하는 사람만 일방적으로 얘기하는 분위기가 됩니다.

미팅에서의 발언권을 골고루 갖는 것은 종합적으로 조직 문화와 관련인 것이어서 다른 노력이 필요하지만 당장 퍼실리테이터가 할 수 있는 것은 참석자에게 말할 수 있는 환경 조성, 그리고 적절한 질문을 던지는 것입니다.

워크숍 진행

코로나로 인해 최근 2년여 동안은 단체로 진행하는 회사 워크숍은 거의 진행되지 못했습니다. 하지만 대면 교육이 다시 활성화되고, 그동안 못했던 조직 활성화의 목적으로 앞으로 재개 될 것으로 예상합니다.

짧게는 근무일 당일, 보통은 1박 2일로 진행되는 워크숍인 만큼 시간, 비용에 대한 기회비용을 생각한다면 워크숍은 어떠한 목적을 달성하거나 결과물을 내기에 더없이 좋은 기회입니다.

1. Structure (구조)

워크숍이 진행 여부가 확정되면 팀의 리더가 워크숍 기획을 팀원에게 전적으로 위임하여 confirm만 내리는 경우가 있는데 이것은 바람직한 것이 아닙니다.

최소한 이 워크숍의 목적, 원하는 결과물, 컨셉 등에 대해서는 방향을 명확히 제시한 후 위임해야 합니다. 전체적인 Structure (구조)를 팀의 리더가 먼저 정하고, 해당 일정 동안에 굵직하게 해야 할 활동, 액티비티에 대한 내용을 정해야 합니다.

2. 물리적 환경의 중요성

워크숍의 agenda(일정), 그리고 그것을 채우는 내용들도 중요하지만, 무엇보다 중요한 것은 물리적 환경인 장소입니다. 회사 환경을 떠나서 하는 활동이기 때문에 장

소, 숙소, 식사, 회의실 공간 등의 모든 물리적인 것들에 따라 분위기나 참석자들이 느끼는 것들은 완전히 달라질 수 있기 때문입니다.

어떤 특정 결과물을 내기 위한 회의를 하려는 목적인 건지, 아니면 팀의 화합을 한 것인지 등 이 목적에 맞는 장소 선정이 필요합니다. 그리고 가능한 여러 후보지를 사전 답사 후 결정하는 것이 좋습니다.

3. One Theme (하나의 주제)

1) 목표 설정
2) 프로세스 정립
3) 변화 관리
4) 동기부여
5) 조직 활성화
6) 팀의 화합

여러 가지의 목적을 다 달성하려다가 제대로 된 결과를 못 내는 경우가 많습니다.

워크숍을 위해 한 가지의 명확한 목표를 세팅한 후 그것을 달성하기 위한 방향으로 안의 콘텐츠가 구성돼야 합니다. 그리고 워크숍 시작과 동시에 그 목표를 참석자들에게 공유하여 One Goal(한가지 목표)을 갖고 그 시간을 활용할 수 있도록 인지시키는 것이 중요합니다.

한 번의 워크숍으로 많은 것이 변화할 수는 없겠지만 이런 워크숍이 하나의 전환점이 되어 긍정적인 변화의 시작이 되는 경우는 많습니다.

에필로그

이 책이 회사 조직문화 변화의
첫 시작이 되었으면 좋겠습니다

누군가에게 교육, 코칭 좀 받는다고 사람이 바뀔까요? 자신 있게 말씀드리자면 바뀝니다. 하지만 사족을 붙인다면 (매우 소수만) 바뀝니다. 저 또한 수많은 교육을 들었던 교육생 입장이기도 했고, 교육을 전달하는 입장에서 많은 분께 메시지를 전달했습니다.

인간은 망각의 동물이고, 본인이 했던 생각, 행동으로

회귀하려는 본성을 갖고 있어서 때에 따라선 같은 내용도 계속 반복되어야 하고, 때로는 별 내용이 아니더라도 말 한마디로 영향을 줘서 변화되는 경우도 있습니다.

제가 경험한 교육과 코칭을 통해 긍정적인 변화와 성장을 이룬 직원분들은 오히려 해당 분야에 대한 지식, 경험이 적었던 분이었습니다. 2년여 동안 팀장으로서의 코칭 기법, Situational Leadership (상황별 리더십)을 계속 전파했는데 가장 많이 성장한 분은 과거에 팀원 관리 경험이 없어서 제 말을 전적으로 들으려 하고, 배운 내용을 실제로 적용한 분이었습니다. 그리고 2년여가 지난 현재 시점에서 완전히 다른 팀장으로 성장했습니다.

처음부터 훌륭한 팀장은 없습니다. 사람이 성장하기 위해서는 여러 가지의 동력이 필요한데 제대로 된 방향성, 올바른 마인드, 습득된 지식 이 모든 것의 합을 바탕으로 경험, 시행착오, 수정의 과정을 거치면서 당신은 훌륭한 매니저로 성장할 수 있습니다.

당신이 훌륭한 팀장으로 성장하기 책을 집은 것만으로도 당신은 이미 좋은 팀장이 될 자격을 갖췄습니다. 준비가 모든 것을 상쇄합니다. 사람은 노력으로 발전합니다.

"내가 해 봐서 아는데?"

"예전에 다 해 봤어."

"당신이 뭘 말하는지 보자."

뭔가를 배울 때는 나만의 중심을 잡는 것도 중요하지만 때로는 완전히 비우고 시작하는 것도 좋습니다.

나만의 가치관이 아닌 고집, 조금 안다고 자부하는 오만함 이거부터 버려야 바뀝니다. 변화를 하는 것의 시작은 마인드를 바꾸는 일이라고 하고, 가장 어려운 일이라고도 하죠. 그게 없으면 사실 잘 안 바뀝니다.

사람마다 모든 순간이 다 있습니다. 누군가의 작은 말이나 행동으로 본인의 생각, 행동, 가치관에 영향을 받아 조금의 변화를 끌어낸 순간이요. 이제 이 책을 통하여 배운 내용으로 준비와 실행의 시간을 가져 보셨으면 좋겠습니다.

이 책으로부터 일어난 당신의 변화를 통해 팀원에게 긍정적인 영향력을 발휘하면 좋겠습니다. 이 책이 단순히 리더라는 호칭을 넘어서 위대한 리더(Great Leader)로 가는 첫걸음이 되었으면 좋겠습니다.

이 책을 읽는 모든 리더분들의 성장과 긍정적인 변화를 응원 드립니다.